論幽默

從喜劇藝術、政治諷刺到心理昇華，
解構人類獨有的幽默文化

HUMOUR

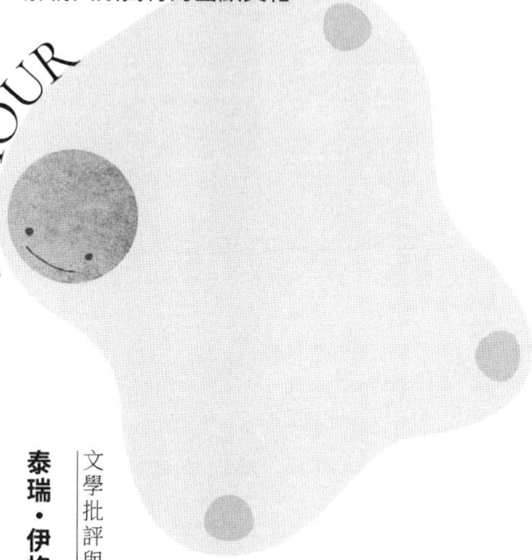

文學批評與文化理論巨擘

泰瑞・伊格頓 Terry Eagleton

方慈安——譯

獻給崔佛．葛里夫斯（Trevor Griffiths）

目次

前言

1 關於笑——11

這項行為有某種令人不安的動物性。不過諷刺的是，其實其他動物並不會笑，至少沒有明顯表現出來。因此，笑既有動物性，卻也同時是人所獨有。

2 嘲弄與取笑——53

嘲笑別人的作用，是掩蓋我們自己也想擁有展現缺點的自由。我們在嘲笑愚人的同時也和他有共感，他所展現的愚蠢，讓我們間接釋放了精神壓力。

3 不協調 89

心理學家告訴我們，兩歲以下的小孩看見不協調的景象就會笑。遮住臉再突然亮出的遊戲，只有幾個月大的嬰兒都會覺得有趣，這是人類最早接觸到的不協調。

4 幽默與歷史 121

統治上古與中古歐洲的菁英階級，對於幽默的容忍度不高。從一開始，笑就是一種階級事務，在文明的興致和粗俗大笑之間，存在明確的分野。

5 幽默政治學 169

適當抱持敵意的幽默，難道不是政治諷刺必要的武器？不過，這樣好鬥的特質，又要如何不陷於其所批判的缺乏人性呢？

前言

許多關於幽默的研究，一開始都會慚愧承認：分析笑話等於殺死這個笑話。但事實上，此事未必為真。如果你想逗人發笑，說了笑話之後再詳加分析的確很不明智，就像某些美國總統據說沒辦法邊走邊嚼口香糖一樣。不過，少有喜劇演員能夠在講笑話的同時，一邊對自己說的話進行理論分析。會這麼做的人，多半出沒在求職中心，而非俱樂部與劇場。（當然，還是有例外，例如優秀的喜劇演員史都華・李〔Stewart Lee〕，就擅長解構自己的喜劇橋段，以及觀眾對橋段的反應。）但除了這點之外，幽默和針對幽默的分析完全可以並存。瞭解笑話如何使人發笑，未必會破壞笑點，就像瞭解詩歌的格律，也不會破壞詩作的優美。包括這個例子在內，許多時候理論與實踐都各司其職。熟知大腸的解剖學構造，並不會妨礙我們享用美味大餐；婦產科醫師也能有美滿的性生活，也能輕聲和嬰兒說話；天文學家每天面對著在宇宙中可算是微不足道的地球，倒也不會因此需要把自己灌醉，或跳下懸崖，至少原因應該不是這個。

圖書館的書架上，確實有不少毫無幽默感的著作都以幽默為主題。有些研究裝訂精美厚重，還附有各式圖表、表格、數據、實驗室報告。[1]曾有個憂鬱的三人科學研究團隊似乎還懷疑笑話是否真的存在。無論如何，還是有不少能帶給人啟發的意見，在這本書中，我會介紹一部分。只要秉持求知態度虛心理解，幽默理論可以和談論一夫多妻制或妄想症的理論同樣實用。和其他成果豐碩的假說一樣，這些理論必須認知到自己的侷限，總有異常案例、未解的謎團、曖昧的結果、不易解釋的含意等等。各個理論可以充滿矛盾，卻仍然有所貢獻，這就好比擁有一張模糊的照片，總勝過完全沒有照片；值得去做的工作，就算做得很爛也還是聊勝於無。偉大的威廉．赫茲利特（William Hazlitt）曾引用同輩作家艾薩克．巴羅（Isaac Barrow）的話，指出幽默「用途廣泛、形式多元」，是一種難以用任

1 想瞭解這類「科學」研究，可參考諸如 Ivatore Attardo, *Linguistic Theories of Humor* (Berlin and New York, NY, 1994) 與 Victor Raskin (ed.), *The Primer of Humor Research* (Berlin and New York, NY, 2008) 等。

何有限定義去概括的現象：

> 幽默有時出現在狡猾的問題、機智的回答、意有所指的理由、精明的威嚇、巧妙轉換話題，或明智保持反對意見的時候，有時則透過大膽的發言、修飾過的譏諷、生動的誇飾、驚人隱喻、合理化解矛盾、徹底的胡言亂語……來表現。模仿某種外表或姿勢能傳達幽默，故作單純或者放肆直言也能產生幽默。有時幽默只是碰巧製造出怪異的效果，有時則是精心扭轉顯而易見之事來達成目的。通常，幽默牽涉到人不知其然，並在人不知其所以然時湧現……簡而言之，幽默是一種簡單直白的說話方式……透過出奇粗魯的想法或表達，影響並取悅人的想像力，展現奇趣並且帶來愉悅。[2]

要是有個理論家企圖把以上種種全都塞進一個公式裡，恐怕是有勇無謀。不

2 William Hazlit, 'On Wit and Humour', in *Lectures on the English Comic Writers* (London and New York, NY, 1963), p. 26.

過，幽默和詩一樣，並不是什麼神祕難解的謎。仍然有相對使人信服且有條有理的說法，可以試著解釋我們為什麼會笑。至於我在本書中有沒有做到這一點，就交由讀者定奪吧。

泰瑞・伊格頓
二〇一七年

1 關於笑

我說我想當喜劇演員的時候他們大笑。好吧，現在他們倒是都不笑了。

——鮑伯．蒙克豪斯（Bob Monkhouse）

笑是舉世共通的現象，但並非舉世皆同。塞繆爾．詹森（Samuel Johnson）有一篇名為〈定義喜劇之難〉（The Difficulty of Defining Comedy）的文章，指出雖然人類表現智慧的方式有許多種，但笑的方式卻都一樣。這個說法值得存疑。笑聲這種語言有各種詞彙能形容：咯咯笑、哈哈笑、低笑、嗤笑、高聲笑、哄然大笑、笑不可仰、竊笑、笑到上氣不接下氣、笑喊、粗聲笑、笑到尖叫、偷笑、吼叫、吃吃笑、呼呼笑、捧腹大笑、噴笑、傻笑、咆哮、尖嘯等等。它可以是爆笑、哄堂大笑、陣陣笑聲、迸出笑聲、此起彼落的笑聲、啞然失笑、刺耳笑聲、高昂笑聲、稀落笑聲、鬨亂笑聲、先笑後號等等。微笑同樣有不同的形式：眉開眼笑、訕笑、冷笑、咧嘴笑、挑逗的笑、脅肩諂笑等。微笑主要是視覺現象，笑聲則是聽覺，不過艾略特（T. S. Eliot）在《荒原》（*The Waste Land*）裡就用了「一聲輕笑從一耳咧開到另一耳」（chuckle spread from ear to ear）這種說法，結合了兩種現象。

哈哈大笑、竊笑等形容，表現出笑聲的不同物理形式，牽涉到音量、語氣、音高、速度、力道、節奏、音色、持續時間等變化。不過，笑聲可以傳達的情緒狀態也有很多：歡快、諷刺、狡猾、刺耳、親切、邪惡、嘲弄、輕蔑、緊張、放鬆、挖苦、心照不宣、沾沾自喜、猥褻、懷疑、尷尬、歇斯底里、同情、怯懦、震驚、不以為然等，純粹為了「社交」的笑聲，甚至不須帶有任何愉悅成分。[1] 實際上，以上所羅列各種笑的形式，幾乎都和幽默沒有太大關係。笑可能代表情緒激昂而非愉悅，雖然興高采烈時通常也比較容易覺得有趣。物理形式與情緒狀

1 怪異的是，Ronald de Sousa 在 *The Rationality of Emotions* (Cambridge, MA, 1987, p. 276) 裡並不把歇斯底里的笑視為笑的一種。

態可以有不同排列組合，人可能因緊張或嘲諷而竊笑、因親切或挑釁而大笑、因驚訝或歡喜而傻笑、因感激或不以為然而輕笑，等等。

但矛盾之處在於，雖然笑只是一種意符，本身純粹是無意義的聲音，卻被賦予了各式各樣的社會符碼。笑是自發的身體事件（大部分是如此），但也具有特定的社會意義，因此位於自然與文化之間。和舞蹈一樣，笑是一種身體語言（笛卡兒形容為「無法用言語表達的響亮呼號」）[2]，雖然此處所指的身體，同樣屬於較概念性的意義。不過，笑無法完全歸於純粹的概念領域，它動物的物質性總是凌駕於意義之上，許多幽默容許我們去品味玩賞的，也正是這個動物性的部分。幽默也鼓勵我們把這種矛盾視為自然而然。鬧劇尤其容易誇張化這種身體與心靈之間宿命般的牴觸。

笑純粹只能表達自身，沒有內在意義，更像是動物的呼號。但笑卻又承載了豐富的文化意涵，如此一來，就與音樂的關係更加親近。笑不僅不具備固有意義，

2 引用自 Matthew Bevis, *Comedy: A Very Short Introduction* (Oxford, 2013), p. 19.

發笑的不受控制、接近痙攣，更可以說是對意義的瓦解，是身體拆碎人的言詞，是本我讓自我暫時陷入混亂之中。和悲慟、劇烈痛苦、極度恐懼、令人目盲的狂怒一樣，人真正在狂笑時，身體會失去自我控制，暫時脫離我們的掌控，使我們倒退回如嬰兒般笨拙的狀態。這可以說是身體的失調。後文會提到，正因如此，無節制的笑經常被認為具有政治危險性。這項行為有某種令人不安的動物性，不只是聲音方面的聯想（呼呼笑、嘎嘎笑、咯咯笑、嘶聲笑、吼叫），也因為它讓我們察覺自己與其他動物的相似。不過諷刺的是，其實其他動物並不會笑，至少沒有明顯表現出來。[3]因此，笑既有動物性，卻也同時是人所獨有，這種宛如野獸叫聲的聲音，卻與獸性相差甚遠。此外，笑當然也是表達人類愉悅最普遍的形式。在《笑忘書》（*The Book of Laughter and Forgetting*）中，米蘭・昆德拉（Milan Kundera）引用法國女性主義學者安妮・勒克萊爾（Annie Leclerc）對笑的形容：

3　不過 Robert R. Provine 主張某些靈長類動物會發出類似笑的聲音。參見其著作 *Laughter: A Scientific Investigation* (London, 2000), chapter 5. 達爾文也認為猴子被搔癢時會咯咯笑。參見其著作 *The Expression of the Emotions in Man and Animals* (London, 1979), p. 164.

「迸發的笑、笑了又笑、乾笑、失控大笑、美好的笑、奢靡的笑、狂笑……歡愉的笑，笑的歡愉；笑，笑得如此真徹。」[4]

也就是說，笑帶有意義，但也同時讓意義崩解為單純的聲音、抽搐、節奏、呼吸。一個人笑倒在地的時候，很難同時吐出無懈可擊的完美語句。許多笑話都運用了對連貫意義的破壞，這一點正反映出笑本身的崩解特質。這種意義的暫時擾亂，尤其表現在荒謬或愚蠢、傻氣與超現實主義中，以各種不同形式呈現。而無疑地，它也是所有精采喜劇都具備的特質。一方面，笑代表由井然有序的精準意義所建構成的象徵世界暫時土崩瓦解，但另一方面，笑也必須仰賴這樣一個世界才得以存在。畢竟，除了單純被搔癢、想擺脫沮喪，或表現因他人陪伴產生的愉悅之外，我們的笑多半都是基於某種目標、事件、言論或情境而產生，牽涉到概念的運用，而這也是某些論者認為沒有語言的動物不會笑的原因之一。笑是一種表達方式，直接從身體深處因興奮的本能迸出，但同時又具有認知層次的意

4 譯注：譯文引用自尉遲秀譯《笑忘書》（皇冠出版社，二〇〇二年）中譯本第66頁。

義。和憤怒或嫉妒一樣，笑涉及信念與假設。事實上，某些形式的幽默——我們後文會再談到——主要就是基於智識反應，例如風趣（wit）的妙語。滑稽鬧劇也許確實將人類的行為轉化成了單純的身體動作，但就連這類笑料都牽涉到意義的範疇。嬰兒幾乎從一出生就會微笑，不過要到三四個月大才能發出笑聲，或許就是因為這項行為與心智有關之故。

笑確實能夠產生不受控的動能，所以笑了一陣子後，我們就會開始不清楚自己為何而笑，或轉而成為單純在笑我們自己的笑。這就是米蘭．昆德拉同樣引用安妮．勒克萊爾，所寫的「如此可笑的笑，讓我們笑了出來」[5][6]。所謂會傳染的笑，也就是純粹因為別人在笑就忍不住想笑，即使我們根本不知道對方在笑什麼。某些疾病會讓人無緣無故開始發笑，不過一般而言，笑改變了心智與身體的關係，但並不會完全斷絕兩者的關聯。

5 譯注：引用譯文出處同前注。

6 Milan Kundera, *The Book of Laughter and Forgetting* (London, 1996), p. 79.

值得一提的是，以上特質多半也適合套用於哭泣。[7]詹姆斯・喬伊斯（James Joyce）在《芬尼根守靈》（*Finnegans Wake*）中提到所謂「笑中帶淚」，他的同胞山繆・貝克特（Samuel Beckett）則在《莫洛伊》（*Molloy*）中這樣描寫一位面臨寵物狗過世的女子：「我以為她會哭，畢竟這樣合情合理，但她反而笑了。或許這是她哭泣的方式，又或許是我搞錯了，她其實在哭，只是聲音像在笑。淚水與笑聲，對我來說就像蓋爾語（Gaelic）[8]一樣難分辨。」事實上，笑與哭確實沒那麼容易區分。達爾文在他對情緒的研究中指出：笑很容易被誤解為悲傷，而這兩種狀態都可能使人淚如泉湧。在《裸猿》（*The Naked Ape*）中，人類學者德斯蒙德・莫里斯（Desmond Morris）認為笑實際上是由哭演變而來。簡而言之，發笑未必是基於有什麼值得一笑的事。在中國、非洲、西伯利亞等地，甚至出現過致命流行病，患者會歇斯底里持續大笑，據傳曾導致數千人死亡。一九六二年，這種流行病在當時的坦干伊加（Tanganyika）爆發，癱瘓整個學區長達數月。既

7　參見 Helmuth Plessner, *Laughing and Crying: A Study of the Limits of Human Behaviour* (Evanston, IL, 1970).

8　編注：蘇格蘭、愛爾蘭部分地區使用的一種語言。

然失控並不是全然愉悅的經驗，笑也很容易就變得令人不適。塞繆爾·詹森在《詹森字典》（*A Dictionary of the English Language*）中定義笑是「抽搐的歡樂」，這並不總是愉快的經驗。被搔癢也是一樣，混雜了愉快以及無法忍受的特殊感覺。欣賞恐怖電影時，我們會同時感受到滿足、焦慮、興奮、坐立難安等不同感受。猴子露出牙齒，看起來像在微笑，實際上卻可能是為了威嚇。湯馬斯·霍布斯（Thomas Hobbes）在《利維坦》（*Leviathan*）中形容笑是做出怪表情。我們會說人笑到發出尖叫、笑到呼吸困難，甚至笑到心肌梗塞。在勞倫斯·斯特恩（Laurence Sterne）的《項狄傳》（*Tristram Shandy*）中，滿口謊言的敘事者告訴我們：他有一次笑得太過，導致血管破裂，兩個小時就流失了將近兩公升的血。小說家安東尼·特洛勒普（Anthony Trollope）在讀喜劇小說時大笑，不幸中風，但他自己作品的讀者倒不太可能遭遇這種憾事。[9] 笑雖然可能造成災難性後果，卻或許也體現了人類的演進：只有學會用手而非嘴來拿取物品的動物，才能讓嘴

9　以上部分資訊要感謝 Richard Boston, *An Anatomy of Laughter* (London, 1974) 提供。關於從認知角度研究喜劇的雜文集，請參考 Howard Jacobson, *Seriously Funny* (London, 1997).

空出來，發出咯咯笑或吃吃笑聲。

或許我們可以發展一套笑與微笑符號學，呈現出不同類型的笑或面部表情是如何構成一套複雜的指涉系統。簡言之，我們可以把笑當成文本，或是擁有多種不同地方腔調的語言。例如：上層階級英國男性比較可能放聲大笑，中產階級英國女性則傾向清亮的輕笑；在貝里斯（Belize）有一種特殊笑聲，不太可能在倫敦的貝爾格維亞（Belgravia）聽見；將軍不太會傻笑，教宗不會咯咯笑；扮演聖誕老公公的人可以眉開眼笑，但不建議竊笑；雖然很難想像阿諾．史瓦辛格忸怩假笑，卻很容易想像他挑逗一笑；世界銀行行長可以真誠大笑，但不該歇斯底里狂笑。

掌握這種種模式與聲調的能力，亞里斯多德稱為「實踐智慧」（*phronesis*），也就是實務型社交技巧，知道何時適合、何時不適合發揮幽默感，就屬於這種能力。舉例來說，如果去教堂裡祈禱，最好不要在年長的修女面前提起「什麼東西黑白交錯、橫躺在水溝上？——死掉的修女。」這種笑話，我家孩子在五歲時就幹過這種事。以下是另一個把幽默用錯場合的例子：

醫生：來，我有好消息和壞消息要告訴你。

病患：我想先聽壞消息。

醫生；壞消息是你的壽命只剩三個月。

病患：那好消息呢？

醫生：好消息是我馬上就要跟一個超級美女一起去摩洛哥度假了。

聽見這個笑話我們會發笑，是因為醫生這種殘酷的開玩笑方式和粗暴的談話技巧，與我們預期的醫生行為很不一致，而對那個可憐病患，我們內心產生殘酷的愉悅感，更加強了這種張力。我們被醫生的囂張行徑逗樂，因為他擺明了既無人類應有的同情心，也沒有專業素養，而我們代入他的立場，沉浸在不正當的渴望裡，卻又不用負擔麻煩責任。在這片刻之中，我們暫時擺脫了同理心的重負。這類黑色幽默把事件變成社交談資，以笑話的形式包裝，方便和友朋分享，也更容易被人接受，減輕我們因樂於看見他人不幸而產生的罪惡感。

另一方面，對死亡發笑也使人愉悅，並減輕生命有限這項事實的沉重程度。

拿死亡開玩笑，就是降低死亡的嚴重性，削減死亡對我們恐怖的宰制力，例如以下這個醫生笑話：

病患：我還能活多久？

醫生：十。

病患：十什麼？十年？十個月？十週？

醫生：不是不是。十、九、八、七……

以虛構形式面對己身的消亡，會讓自我暫時超脫這項事實，嚐到永恆不朽的滋味。說到面對死亡的象徵性勝利，不能不提伍迪・艾倫（Woody Allen）的爺爺。根據這位孫子感性的陳述，爺爺在臨終之際，還賣了一只錶給他。透過笑，我們有限的生命與脆弱的存在稍稍得到補償。確實，就像尼采所說的：人類是唯一一種會因為受盡折磨而發笑的動物，需要透過幻想這種窮途末路的手段來減輕痛苦。不過，那些絞架笑話或墳墓笑話的意義，可不僅止於否定死亡。把死亡弱化為區區一則笑話，也能夠發洩死亡對我們造成的憂慮與意志消沉。

此外，還得考慮到我們對恐懼對象的無意識渴望。佛洛伊德所謂的求死本能（*Thanatos*），是一股毀滅所有意義與價值的衝動，因此與我們稱之為幽默的短暫意義混亂有所關聯。像幽默一樣，這種酒神式的驅力會曲解觀念、打亂位階、混淆身分、模糊區別、陶醉在意義的崩解之中，這就是為什麼同樣具有這些效果的狂歡活動，多半與死亡墓地相差不遠。狂歡藉由打破所有社會區隔，證明了萬物終究平等，不過這種論調也有危險性，它和認為一切毫無差別、全是廢物的棄泄觀點十分接近。如果人類的身體在狂歡宴中沒有尊卑，那麼在毒氣室中也是一樣。我們可以說死亡一視同仁。酒神戴歐尼色斯（Dionysus）是醉酒歡宴和性愛狂喜之神，但同時也是死亡與毀滅的通報者。由祂所給予的極樂（*jouissance*）可能致人於死。

於是，醫生笑話讓我們從舉止必須合儀、必須體諒他人的規範中短暫解放，也讓我們暫時拋開終有一死的苦惱。幽默作為一種解放，以此概念為基礎，產生了一套影響廣泛的幽默理論，稱為釋放論（release theory）。十七世紀的哲學家沙夫茨伯里伯爵（the Earl of Shaftesbury）認為喜劇能釋放我們受到壓抑的自由天性；康德（Immanuel Kant）在《判斷力批判》（*Critique of Judgment*）中則說笑聲是「從高期待突然變成一切落空，變化過程中產生的作用」[10]，這種解釋結合了釋放論與不協調論。忠於這種論點的還有維多利亞時期哲學家史賓塞（Herbert Spencer），他認為「歡笑是令人不快的心理束縛暫時解除後，隨之湧現的愉悅感受」。[11]

在《玩笑及其與無意識之關聯》（*Jokes and Their Relation to the Unconscious*）中，佛洛伊德主張：開玩笑代表釋放出我們通常用來維持某些社會必要束縛的精神能量。[12]放鬆超我（superego）所受到的壓抑後，我們就省下無意識中用於抑制的精力，將之改投注在開玩笑與大笑之上。也就是說，這是一種幽默經濟學。根據這個觀點，笑話是對超我的猛然一擊，我們會為這種違背倫常的突襲欣喜，但因

10 Immanuel Kant, *Critique of Judgment* (Cambridge, 2002), p. 209.

11 Herbert Spencer, 'The Physiology of Laughter', in *Essays on Education and Kindred Subjects*, intro. Charles W. Eliot (London, 1911), p. 120. 較近代的釋放論觀點可見 J. C. Gregory, *The Nature of Laughter* (London, 1924).

12 參見 Sigmund Freud, *Jokes and Their Relation to the Unconscious* (London, 1991), p. 167.

還是注重良心和理性等心智能力，因此在負責任態度與完全放縱之間，就產生一股張力。黑格爾（Hegel）在《藝術哲學》（*Philosophy of Fine Art*）中說：滑稽是放肆的感官衝動與更高階的責任感產生碰撞的結果，這種衝擊會透過猛烈大笑呈現出來。前文也提過，笑聲令人愉快，但也可能令人警戒。或許大部分玩笑都隱含某種期望把君父拉下神壇的不自在低笑，既害怕因為無禮而受懲罰，又因為期待見到家父長被奪走權位，迸出充滿罪惡感的緊張輕笑，接著為了對抗這種不安，我們又只好繼續笑下去。如果笑帶有緊張感，那是因為我們既害怕這種不正當樂趣的後果，又沉醉於此，所以在發笑的同時我們也會畏縮忐忑，然而罪惡感本身又替樂趣增添了滋味。無論如何，我們終究清楚這種征服感只是一時，是紙上談兵的勝利，畢竟笑話不過是一段言語。我們可以盡情沉浸於破壞權威，而不用背負太多罪惡感，因為內心深信君父（這個我們既恨也愛的存在）不會因為這種無傷大雅的造反就永遠失能。他失去權威的狼狽純粹是暫時性的。狂歡宴這種空想革命也是一樣，縱情享樂後的早晨，太陽照常升起，照在千百個空酒瓶、吃剩的雞腿骨，還有前一晚失去的童貞之上。日常生活會恢復原貌，雖然未必沒有隱含一絲解脫之感。再想想舞台喜劇吧，遭到嬉笑瓦解的秩序，在下戲後終究會恢復原狀，或許還因為這種短暫的嘲弄，使得地位更加鞏固，這一點觀眾毫不懷疑，戲劇的反叛樂趣與保守的自我滿足，兩者因而調和無間。這就像是班．強生（Ben Jonson）《鍊金術士》（*The Alchemist*）、珍．奧斯汀（Jane Austen）《曼斯菲爾德莊園》（*Mansfield Park*），或蘇斯博士（Dr Seuss）《戴帽子的貓》（*The Cat in the Hat*）等故事，如果身為家長的存在缺席，我們就可以不負責任盡情大搞破壞，但如果得知這位家長可能永遠不再回來，我們馬上就會一蹶不振。

因此，佛洛伊德認為：較不具冒犯性的幽默，是壓抑的衝動被釋放的結果，而淫穢或粗俗的玩笑，則是奠基於放鬆壓抑這個現象本身。褻瀆笑話允許我們放寬某些禁忌，例如那個教宗和比爾．柯林頓（Bill Clinton）在同一天過世的故事：基於某種程序錯誤，柯林頓被送往天堂，教宗則被送到地獄。不過錯誤很快就修正了，這兩個人在重新前往相反方向時相遇，簡短交談了幾句。教宗表示他非常期待在天堂見到聖潔處女瑪麗亞，然後柯林頓告訴他：他已經晚了十分鐘。

根據佛洛伊德的觀點，笑話本身的形式趣味（文字遊戲、邏輯不通的垃圾話、荒謬的情境等等）可能使得超我暫時放鬆警覺，讓叛逆的本我（id）逮到機會，把平常被禁止的感受推向前端。笑話的語言形式中有佛洛伊德所謂的「前期快感」（forepleasure），使我們放鬆抑制，軟化下來，藉以誘騙我們接受笑話中與性或挑釁有關的內容，在其他情境下，我們或許並不會接受這些。從這層意義上說，笑代表抑制失敗。不過我們之所以能被取悅，也是因為在違背禁忌的行動中意識到禁忌的壓力存在，桑多爾・費倫齊（Sándor Ferenczi）就指出：完全正直的人和完全邪惡的人一樣，都不容易發笑，因為正直的人不會產生那些可恥的感受，邪惡的人則並不感覺到禁忌的壓力，也就不認為違背禁忌有什麼刺激的。[13]正如佛洛伊德所說，我們或許比自己期望的更不道德，但可能也比自己想像的更為正直。就釋放論而言，笑話和神經徵狀一樣是一種折衷狀態，結合了抑制的行為和受到操控的本能。

所以，對佛洛伊德來說，笑話是兩面討好的僕人，同時服侍兩個主人，一方

13 參見 Sándor Ferenczi, *Final Contributions to the Problems and Methods of Psychoanalysis* (London, 1955), p. 180.

面必須臣服於超我的權威，一方面又努力滿足本我的興趣。我們可以藉由俏皮的小小造反獲得叛逆的樂趣，卻又不用全盤接受，畢竟到頭來，這只不過是個笑話。正如《第十二夜》（*Twelfth Night*）裡奧莉薇亞（Olivia）所說，受到認可的愚人不會造成什麼破壞。相反地，獲得准許、得以取笑社會傳統的弄臣，本身就是個非常傳統的存在，因為他的不敬舉動，能讓社會規範展現出韌性，展現其有能力大方接受各種嘲諷，因此反而鞏固了規範。最歷久不衰的社會秩序，是不但能容忍偏差，更能積極鼓勵偏差的穩固秩序。

許多幽默都具有佛洛伊德所說的反昇華（desublimation）作用。我們投入某些崇高理想或高貴第二自我（alter ego）的能量，在理想遭到粗魯揭穿時，會以笑的形式釋放出來。由於維持理想本身伴隨某種程度的心理壓力，不必再做這件事也就帶來令人滿足的感受。我們不必再維持正直的好形象，可以公然展現粗野、憤世嫉俗、自私、愚鈍、無禮、欠缺道德、情感麻木、極度放縱，而從中獲得愉悅。此外，從必須合理的迫切壓力中解放，同樣讓人無比放鬆，佛洛伊德稱這種壓力為「邏輯的強制力」，對不存在規則的無意識施加了討厭的限制。這也是為何我們會喜愛超現實和荒謬，喜愛萬事皆有可能的世界，例如英國廣播公司電台（BBC Radio）的節目《呆子秀》（*The Goon Show*）裡，就幻想了一個精巧的戰術——讓實物尺寸的不列顛群島紙板複製品漂浮在真正的不列顛群島上方，藉此在二戰期間騙過德軍轟炸小組。十九世紀的哲學家亞歷山大・貝恩（Alexander Bain）曾說「基於生活必要，我們得擺出不自然且拘束的嚴肅姿態」[14]，像他一樣生活在維多利亞時期的人，必定對這類限制特別有感，而幽默讓我們得以暫時擺脫的，正是這種一本正經面對世界的態度。我們在日常生活中，必須維持一套對禮貌的想像：即使面對最沒有交情的點頭之交，也要非常關心對方的健康與幸福；從來沒有任何一秒會想到性；對荀白克（Schoenberg）的晚期作品瞭若指掌……諸如此類。能夠暫時拿掉面具，找到彼此共通的好笑缺點，因而令人愉悅不已。後文會提到，貝恩還進一步把這種釋放論和優越論結合起來，如果我們樂於看見高尚變成低劣，這種降格的過程能讓我們放鬆精神壓

14 Alexander Bain, *The Emotions and the Will* (3rd edn, New York, NY, 1876), p. 262.

力，其中一個原因是如此一來，我們便能對那些原本敬畏的對象擺出優越的姿態。關於許多理論家如何結合不同的幽默理論，後面會再細說。

基於同樣觀點，桑多爾·費倫齊表示「成功的抑制就是保持嚴肅」[15]。開玩笑是從活在意義中的每一天帶來的輕微壓迫感中短暫解脫，而意義本身就是一種昇華的形式。社會現實的建構十分費勁，需要持續付出努力，而幽默給我們機會鬆一鬆心靈的肌肉。彷彿我們在理性的表象之下還有更黑暗、混亂、憤世嫉俗的潛在特質，像影子一樣存在於每一個符合社會規範的行為背後，偶爾會衝上表層，藉由瘋狂、犯罪、淫穢幻想、尖銳諷刺等形式展現出來。這種潛在特質在哥德小說這類文學形式中，大舉入侵白日世界。我們可能也會聯想到蒙提·派森（Monty Python）喜劇團的橋段中，一位店主殷勤有禮地服務一位顧客，卻突然破口咒罵，隨後才恢復恭敬的態度。但另一方面，也有一些幽默形式是壓抑而非抵抗壓抑，比如那種良善、乾淨、爽朗的玩笑。男童軍笑話和許多男性之間的玩

15 Ferenczi, *Final Contributions*, p. 180.

笑，都是焦慮的侵略手段，企圖阻擋細膩感受與心理的複雜層次，因為它們對於那個互相用毛巾抽打、赤裸上身在森林裡打鼓的雄性世界會造成威脅。

貝恩比佛洛伊德更早觀察到：光是要維持日常現實的運轉，就需要我們持續壓抑。我們就像真正的舞台劇演員一樣，各有符合社會規範的角色，各自一絲不苟地鄭重演出劇本上屬於自己的部分，但只要出現輕微口誤或踉蹌，就會突然卸下武裝，像不用負責任的小孩一樣，對於整齣戲裝模作樣的專斷與荒謬捧腹大笑。意義本身就帶有某種程度的精神壓力，需要不斷排除無意識所提供的各種可能性。排泄物之所以在喜劇中佔有重要地位，原因之一是屎正是無意義的典型樣貌，抹除了所有意義與價值的區分，讓一切變得毫無差別。由此來看，喜劇和犬儒主義之間的距離，可能近得嚇人。把萬物都視如糞土，或許是從嚴謹階級與高級心智理想的恐怖統治中解放的幸福，但與集中營的距離也近得可怕。幽默能夠藉由人性尊嚴這類堂皇概念，戳破虛華與矯揉做作的泡泡，但也可以像《奧賽羅》（*Othello*）中的伊阿古（Iago）一樣，直接對價值本身造成打擊，因為價值必須依靠意義存在的可能性，才有辦法建立。

舉個例子，有個故事是這樣的：某位工廠工人的工作，是每隔幾分鐘就壓一下操作桿，工作很多年後，他才發現那根桿子沒有連接到任何裝置，最後徹底崩潰。這則小故事最讓人不安之處，在於它其實有點好笑。擺脫意義的重負後，我們一方面對這個情境感到恐怖，一方面也被其荒謬性逗樂。徒勞既吸引人又嚇人。再拿另一個小故事為例：一群精神病院的患者打算集體自殺，但他們無法取得藥或武器，因此決定由一個人站在一桶水裡，手指碰觸燈泡基座，而其他人緊貼著他，並由其中一個按下電燈開關開燈。這個故事也帶有黑色幽默的娛樂效果。我們對於這些患者竟然要採取如此絕望的極端手段感到悲哀，但同時也得壓抑這個滑稽情境所引發的一絲笑意。死亡雖然縈繞不去，帶來不祥的存在感，卻暫時被消除殺氣，淪為貝克特式的鬧劇，而我們用來壓抑人終有一死這項事實的精力，得以在笑聲中釋放出來。在這兩個例子中，幽默都涉及對人類價值的殘忍忽視，但笑過之後，我們仍會持續對這種價值珍而重之。幽默讓我們享受無意義的幸福片刻，而不必承擔無意義帶來的某些可怕後果。但是，如此打擊超我的方式之所以受歡迎，部分是因為我們所面對的是一段言語，而非真實場景（雖然兩起事件都確實發生過）。此外，如佛洛伊德在一篇論幽默的文章中所述，超我可能會對自我產生同情，並進一步增強其自戀程度。超我可能會安慰自我，保證它不會受到傷害，不必那麼焦慮，畢竟整個世界只不過是個笑話。[16]

笑話的作用，是去挑戰佛洛伊德所謂「現實原則」的專制統治，讓我們獲得某種童稚的滿足感，退回到被象徵秩序強力區別、精確定義萬物之前的狀態，得以把邏輯、一致性、線性關係都拋諸腦後。激烈大笑讓身體無法協調，正是退化成原始無助狀態的明顯特徵。幽默對成人的作用，就如同玩樂對孩童的作用，讓他們從專制的現實準則中解放，在娛樂規則下，允許不超出規範的自由發揮。嬰幼兒可能還不擅長談吐風趣或精準掌握搞笑時機，卻能享受荒唐滑稽的笑點，以及那種可能發展成詩歌（謝默斯・希尼〔Seamus Heaney〕所謂「口中的音樂」）或超現實幽默的咿呀亂語。不過，對於這類仰賴從既有規範中脫離來產生笑點的喜劇，也有不能理解的局外人，因為他們本來就不熟悉規範。如果對一切秩序都

16 參見 Adam Phillips (ed.), *The Penguin Freud Reader* (London, 2006), p. 563.

非常陌生，就很難因為脫離常理的情境引發笑意。

如果狂歡宴讓崇高跌落，變得低俗，那麼性笑點也是運用這種從高貴突降為荒謬的過程，讓高遠理想突然變成平凡日常。因為如此，性成為幽默的重要來源，再加上人類對於這種事務的壓抑一向特別強烈，釋放因而也就格外令人愉悅。幽默釋放緊繃的效果和性高潮相仿，因此就連與性無關的笑料都隱含性的特質。性是肉體的欲望，但同時也代表象徵與價值，因此處在身體與符號之間的分界線上。性介於浪漫與胡鬧之間、介於太多意義與太少意義之間，原本就是曖昧難解的現象。少有人類活動像性一樣既奇異又尋常無奇。區區幾吋肉、腰部幾次漫不經心的推動，是如何導致城市傾頹？來自南門二星系的觀察者或許會困惑：誰和誰交配這種問題，為什麼會引起讓男男女女嚎叫、哭泣、彼此殘殺的爭端？

傳統喜劇裡佔據最中心位置的就是婚姻，在這項主題上，實體與符號按照理想合而為一，兩個身體的結盟，成為靈魂合一的媒介。不過像莎士比亞的《仲夏夜之夢》（*A Midsummer Night's Dream*）也提醒我們，婚姻這種結合具有隨意性，可能在幾幕之後就被徹底推翻。身體和心靈並沒有那麼容易契合，如果《仲夏夜之夢》裡的精靈帕克（Puck）太傾向躁動不安的心靈，無禮的工匠就是過度傾向實質的身體。《暴風雨》（*The Tempest*）裡的愛麗兒（Ariel）和卡利班（Caliban），也可說分屬於這兩種極端。人性深處有某種裂隙，無法輕易靠美好結局填平。自然與文化在性中相遇，不過彼此要磨合並不容易。也許正是這個原因，許多喜劇結局都安排了一個頑固、難以動搖的元素，就像立場堅定的馬伏里奧（Malvolio）拒絕加入歡慶，用以提醒我們，這種解決之道看似是天賜好運，其實本質上終究是人為虛構，且完全順應傳統。

馬修・貝維斯（Matthew Bevis）描寫人類這種生物「雖是動物，但認為自己的動物性不是可厭就是可笑」，並敏銳地指出「我們自己就能組成雙人搭檔」[17]。對強納森・史威夫特（Jonathan Swift）來說，我們稱之為人性、由身體和心靈構成的這種矛盾混合物，天生就內建某種或怪誕或反差的喜劇。溫德漢・路易斯（Wyndham Lewis）這樣評論：「人必定都有滑稽之處，因為他們都是**物**

17 Bevis, *Comedy*, pp. 24 and 73.

體，或說是物質組成的肉體，卻像人一樣行動。」[18]西蒙・克里奇利（Simon Critchley）則說：「到頭來，擁有一具身體這件事才是最可笑的。」[19]更精確地說，不協調的感受是來自我們並不擁有身體，也不完全是身體本身。簡而言之，不用開口說笑話，我們本身就已經是滑稽的生物，許多幽默都運用了人的構成中這種裂隙，或說自我分裂的特質。喬治・歐威爾（George Orwell）說：「笑話的目的不是要貶低人類，而是要提醒人類，自己本來就是地位低下的存在。」[20]對使用語言的動物來說，不協調就是向下沉淪。我們能夠將自身的動物性視為客體，卻沒辦法徹底與其分離，因此人類這種生物的結構本身就是種諷刺。如果想徹底和自己的動物性存在切斷關係，就會陷入某種瘋狂，像史威夫特小說結尾中格列佛（Gulliver）的狀態，但如果全副存在只剩下身體，又會成為犽猢（Yahoo）[21]。我們的構成方式，讓我們能超越自身的肉體極限，對這種狀態的

18 Quoted in ibid., p. 29.
19 Simon Critchley, *On Humour* (London and New York, NY, 2002), p. 62.
20 Quoted in ibid., p. 91.
21 編注：在《格列佛遊記》中，犽猢為一種最低等、野蠻的生物，被認為是對人類的影射。

常見形容，就是創造歷史。依此，我們雖屬於自己的身體，但可以將身體放在觸手可及的距離之外，而蛞蝓即使再聰明都做不到這一點。

突降反差（bathos），也就是突然從地位崇高墮落到平庸尋常，同時涉及了釋放論與不協調論。後文會再提到，目前在解釋幽默如何運作最常用的理論裡，不協調是重要概念核心。把事物理想化需要付出精力，因此透過笑聲來釋放與發洩會令人滿足。當然，突降反差不是唯一能達成這種精神釋放的方式。以所謂釋放論的角度而言，所有幽默都與這種舒洩效果有關，比方說突然的反昇華作用讓我們省去投注在嚴肅事務上的能量，或是為了抑制某些不正當的欲望，改以笑聲的形式釋放壓抑。不過，在英式喜劇中，突降效果特別明顯，原因之一來自屹立不搖的階級系統。英國喜劇大師東尼．漢考克（Tony Hancock）、法蘭基．霍爾德（Frankie Howerd）、肯尼斯．威廉斯（Kenneth Williams）等人都擅用突然打破禮節的手法，從溫文儒雅的中產階級文明人語氣，突降成庶民式的直率說話風格。這些喜劇演員彷彿集各種相互衝突的社會階層於一身，自己就是階級鬥爭的具體化形象。拿上流腔調開玩笑是英國人的常見消遣，結合了這個國家挖苦人的本能以及強烈的自嘲傾向。英式幽默經常建立在階級文化的衝突上，我們可能會想起蒙提．派森喜劇橋段中的「總結普魯斯特（Summarise Proust）」大賽，在這個廣受歡迎的電視遊戲節目裡，每個參賽者只有兩分鐘，必須總結普魯斯特一共三千多頁的長篇小說情節，還要先後換穿泳裝與晚禮服上場。

突降反差同樣是愛爾蘭式幽默的重要工具，但卻是基於很不一樣的社會因素。一個擁有豐富古老藝術、修道文化、學術思想的社會，成為發展倒退的淒慘殖民地時，特別容易意識到這些學養文化與日常狀態之間的落差。所以英裔愛爾蘭作家強納森．史威夫特在《格列佛遊記》（*Gulliver's Travels*）的最後一冊裡，才會創造出心智發達得誇張的慧駰（Houyhnhnm），和如野獸般渾身沾滿糞土的犽猢兩種極端，而且不留給讀者任何選擇中庸立場的餘地。出身愛爾蘭阿爾斯特省（Ulster）的十八世紀哲學家法蘭西斯．哈奇森（Francis Hutcheson）在《關於笑的思考》（*Thoughts on Laughter*）中主張，許多幽默都誕生自莊嚴與褻瀆、高尚與卑賤這種不協調的組合，並認為這就是諷刺諧仿劇（burlesque）的核心。請各位注意，他在這裡指的是滑稽喜劇，不是後來的脫衣舞。勞倫斯．斯特恩的

《項狄傳》中角色呈現鮮明對比：理性到近乎病態的華特．項狄（Walter Shandy）屬於純粹的心靈，而他的兒子崔斯創（Tristram），則是純粹的身體。葉慈（W. B. Yeats）讓瘋人珍（Crazy Jane）對上主教，前者充滿市井小民的狂歡活力，後者則代表一板一眼的靈性正統。詹姆斯．喬伊斯在《尤利西斯》（*Ulysses*）中，也把史蒂芬．迪達洛斯（Stephen Dedalus）的深奧沉思與里歐帕．布魯（Leopold Bloom）的世俗意見劃分為兩邊。

在山繆．貝克特的《等待果陀》（*Waiting for Godot*）中，一個神聖的學術傳統在觀眾眼前崩解，在波卓（Pozzo）肆意曲解的說辭中碎成片片。弗藍．歐布萊恩（Flann O'Brien）的小說利用深奧的抽象哲學推論，對比酒吧裡常見的陳腔濫調。現今在愛爾蘭，只要說起「斯基伯林的雄鷹」（the Skibbereen Eagle），一定是為了製造突降效果。斯基柏林是愛爾蘭科克郡（County Cork）內一個不起眼的小鎮，在一戰結束時，當地報紙《雄鷹報》（*the Eagle*）的一篇社論向讀者鄭重擔保，他們會「對凡爾賽條約嚴加把關」。經歷過艱辛歷史的小國，應該特別容易被這種自視甚高的態度逗樂。

不過，突降反差還有更深層的意義。克里斯多福・諾里斯（Christopher Norris）評論文學批評家威廉・燕卜蓀（William Empson）時說：後者在《複雜詞的結構》（*The Structure of Complex Words*）裡運用的核心術語（「愚蠢」、「狗」、「誠實」等等）有個作用，就是產生「一種務實健全的懷疑態度……讓使用者由於瞭解人類的需求及其伴隨而來的弱點，建立起對人類本質的信任」。[22]實際上，這段敘述正適合用於形容喜劇的精神，不過也可以用來描繪燕卜蓀在其他作品中所說的牧歌（pastoral），也就是一種將複雜與世故融入平凡之中的觀看角度。根據他的觀點，牧歌表現出一種寬厚的平民智慧，知道什麼時候不該對別人過度要求。縱使熱愛且欣賞「高尚」的人類價值，諸如真理、美麗、勇氣等等，也不能因為別人的生活達不到自己的崇高理想，就嚴重受挫，甚至拿這些價值來壓迫他們，讓他們因自己的弱點感到痛苦。如此說來，牧歌的敏銳度接近安東尼奧・葛蘭西（Antonio Gramsci）所謂的「好見識」（good sense），也就是那些比起抽象

22 Christopher Norris, *William Empson and the Philosophy of Literary Criticism* (London, 1978), p. 86.

哲學世界更熟悉物質世界、且不容易被花言巧語欺騙的人所擁有的平凡實踐智慧。「最高尚的欲望，」燕卜蓀承繼牧歌與佛洛伊德的脈絡，說：「存在於最平凡之中，否則就是假貨。」[23]他承認，有些人確實比其他人更纖細脆弱，這並沒有關係，只要這種差異不會對社交造成傷害，甚至可能帶來正面助益。不過最吸引人的細膩或最耀眼的英勇、美德、智識展現，跟我們的平凡人性相比都不值一提，如果我們被迫二選一，後者永遠是更好的選擇。因此，突降手法不只是喜劇修辭，也是道德與政治的展現。

***

在《笑忘書》中，捷克小說家米蘭・昆德拉對比了兩種對人類存在的看法，他稱為天使觀點與惡魔觀點。天使認為世界秩序井然、和諧而且充滿意義。在天

23 William Empson, *Some Versions of Pastoral* (London, 1966), p. 114.

使的國度裡，每件事物都一定要有立即意義，不容許任何模糊的灰色地帶。整個現實清晰明確得讓人窒息。至於那些陷入妄想的人，恐怕也得不到隨機或偶然的發揮空間。會發生的事必然發生，作為某種大敘事的一部分，每一個存在都有既定功能。沒有什麼是負面、歪斜、挑戰權威、失能的；反之，在天使溫柔敦厚的目光中，人類會歡歡喜喜地朝未來邁進，大喊：「生命萬歲！」這種世界觀搭配了一種文明式笑聲，欣喜於這個世界如此輪廓鮮明、意義明確、設計精良。值得注意的是，昆德拉早年是生活在遵循蘇維埃教條的世界裡，不過這種想法同時也與近代美國的意識形態有顯著的相近之處，像是充滿強迫性的正向氣氛，以及對現實抱持「你想做就會成功」的看法。在這個至福的國度裡，沒有災禍，只有考驗。隨之而生的語言，昆德拉說是「沒有汙穢」，而惡魔國度，相對地則是充滿汙穢。如前所述，惡魔陶醉在一個屏除意義與價值的世界裡，在那裡萬物都像排泄物一樣和彼此沒有分別。如果天使承受的苦是意義過剩，惡魔就是被缺乏意義所折磨。

即使如此，惡魔的存在仍有其作用，在社會中，惡魔的角色是打破天使世界溫和無害的肯定性，扮演牡蠣裡的那粒沙、機械裝置裡那個小故障，以及所有社會秩序中冥頑不靈的墮落要素。因此，這和拉岡所說的真實有某種共通點。惡魔嘰嘰咯咯的嘲諷笑聲，讓天使的自命清高洩氣，戳破其盛氣凌人的形象。在杜斯妥也夫斯基的《卡拉馬助夫兄弟們》裡，惡魔就自稱是一個頑固、乖戾的要素，以避免世界被自身令人喘不過氣的溫和壓垮。他告訴伊萬・卡拉馬助夫（Ivan Karamazov）：自己的任務就是在上帝創造的世界裡，成為某種不和諧或負面的存在，避免這個世界因為太無聊而凋萎。如果沒有他，世界就會「只剩下求救之聲」。要是去除了這個異常要素，宇宙的秩序就會瓦解，一切都會面臨終結。惡魔天生就是解構主義者。

這種類型的幽默，是從脫序、疏離、陌生的事物中獲得趣味，暫時卸下自己在事物整體框架中的既定角色。我們突然看到不相稱的現象會發笑，看到脫離正軌、陷入混亂的事會發笑，這類笑料象徵暫時擺脫這世界專制的明確性，進入失落的天真國度，回到我們不幸墮入意義之前的時光。幽默能擾亂宇宙的平衡，例如笑話或靈光一閃的風趣言語，或者去除前後連貫的意義，例如傻氣、奇幻、荒謬、超現實。不具意義的笑聲本身就能造成這種意義流失。因此我們不難想像，惡魔經常和幽默扯上關係。傳統的地獄總是迴盪著令人反感的咯咯笑聲、竊笑與粗聲大笑，由那些認為自己已經看清人類價值、並且像揭穿騙局一樣揭露真相的迷失靈魂所發出。湯瑪斯．曼（Thomas Mann）在《浮士德博士》（*Doctor Faustus*）中說這種笑聲是「魔王的嘲諷」，是「地獄的歡愉」用「大吼、尖嘯、號哭、哀鳴、咆哮、高喊……深淵裡諷刺、狂喜的笑聲」[24]展現出來。惡魔對上天使就像伊阿古對上奧賽羅，或是彌爾頓（Milton）筆下滿腹怨氣的撒旦，對上官僚一般反應遲鈍的神。「笑屬於撒旦，」波特萊爾寫道，「因此極具人味。」[25]看見易於受騙的人類，迫切想相信自己那些實際上毫無道理、薄如蟬翼的意義與價值和熨斗一樣堅實，這讓惡魔無法壓抑地發出抽搐一般、難以置信的笑聲。

在一篇針對喜劇的創新研究中，雅蘭卡．祖潘奇克（Alenka Zupančič）把笑

24 Thomas Mann, *Doctor Faustus* (London, 1996), p. 378.
25 Charles Baudelaire, *Selected Writings on Art and Literature* (London, 1972), p. 148.

話視為一個縮影，呈現出「我們這個由矛盾與意外構成的世界」[26]。笑話的作用是讓我們意識到所謂的合理性，本質上充滿偶然，缺乏根據。可以說，笑話是語言這個符號秩序背後隱含的真理，能呈現出更合理、也明顯更自然的現實。建構出符號秩序的意符，實際上只是隨機的記號與聲音，如果這套系統能有效運作，那就必定有足夠的彈性、模糊性、自由度，得以用各種不同方式組合，也包括荒謬出格的方式在內。也就是說，能夠產生意義的系統，邏輯上一定也能產生無意義。兩者都是彼此的必需條件。如祖潘奇克所說：「舉世共通的無意義是所有意義的前提。」[27]對佛洛伊德來說也是如此，非意義是意義的根基。「笑話的價值，」拉岡（Jacques Lacan）說：「……是能夠展現作為所有意義使用基礎的無意義。」[28]笑話讓隨機建構而成的社會現實露出馬腳，暴露了其脆弱性。「在某種程度上，」祖潘奇克說，「我們這世界有個面向，充滿偶然與根本的不確定性，

26 Alenka Zupančič, *The Odd One In: On Comedy* (Cambridge, MA, 2008), p. 144.
27 Ibid., p. 144.
28 Quoted by Zupančič, *The Odd One In*, p. 142.

這個面向會在每一個笑話中變得清晰可見。」[29]同樣地，符號秩序看似是關係緊密、秩序井然的結構，由一系列規則來決定其適當的組合方式。但這種秩序的特質就是：如果能夠正常運作，便一定也能脫序演出。如果作為規範的法律可以產生合乎法理的角色組合，那也一定能夠產生不合乎法理的排列法，亂倫就是一個例子。

社會意義的不穩定性，對於外來者可能最為明顯。因此英格蘭的舞台喜劇一直都由康格里夫（Congreve）、法古爾（Farquhar）、斯蒂爾（Steele）、麥克林（Macklin）、戈德史密斯（Goldsmith）、謝立丹（Sheridan）、王爾德（Wilde）、蕭伯納（Shaw）、貝漢（Behan）等一代又一代的愛爾蘭移民劇作家主導，這些作者長居於英格蘭的大城市中，能仰仗的只有自己的機智，把自己身為圈內人／外來者群體的雙重身分，化為豐富的戲劇表達。他們自己是英語使用者，有些甚至具有盎格魯愛爾蘭血統，因此足夠親近這片土地的傳統，能夠成功掌握；但又

29 Ibid., p. 143.

足夠疏遠，能用敏銳的諷刺眼光看穿其荒謬。有些假設對於英國人而言或許不證自明，對他們來說卻非常不自然，而喜劇藝術就從這種差異中催生出來。天生自然與巧妙人工之間的衝突，是常見的喜劇母題，而這些愛爾蘭作家正是最能切身感受的一群人，他們經常出入英國俱樂部或咖啡屋，卻往往還是覺得自己對倫敦藝文圈而言，只不過是個外來客。

喜劇的存在，因而就是要擾亂世界這個看似合理、良善、美麗、秩序嚴明的整體。這件事本身也有其諷刺性，畢竟像「神聖喜劇」（*The Divine Comedy*，同名書籍譯為《神曲》）這樣的詞彙，就傳達出這種世界觀。[30]後文會再詳述，喜劇這個詞彙，就抽象哲學的層面來說，反映出一種半神祕主義式的信心：人性從根本而言一切良好，即使表面上看起來正好相反。《新約》在這層意義上，即屬於喜劇文本，雖然它也意識到這種信心的代價高昂得可怕，不亞於死亡與自我剝奪。舞台喜劇在形式的層次上，保留了這種充滿秩序、設計精巧的特色，同時利

30　想了解但丁（Dante）與喜劇的關係，請見 Giorgio Agamben, *The End of the Poem* (Stanford, CA, 1999), chapter 1.

用破壞性的內容對此提出質疑。可以說，喜劇的形式是烏托邦式或天使式的，內容則傾向諷刺與惡魔國度。而喜劇的結尾，往往會從後者轉移到前者。喜劇的行動也許離不開符號秩序的危機，不過最終目的，仍是要修補、恢復、和解。因此，表現危機的喜劇最終會讓位給表現秩序的喜劇。天使雖然歷經掙扎，但終究會取代惡魔。

我們現在可以回來談談當代最偉大的喜劇哲學家——俄國學者米哈伊爾·巴赫金（Mikhail Bakhtin），針對喜劇這個主題，他在史達林時代，寫了一部極具開創性的著作《拉伯雷與他的世界》（*Rabelais and his World*），展現出深刻的洞察力。當然，這部作品的目的之一是暗諷史達林政權，使他最終因為表達異議而遭到放逐。對巴赫金而言，笑不只是對可笑事件的反應，也是知識的特殊形式，「具有深刻的哲學意義」。他寫道：

這是真相的基本形式之一，它關乎一個整體性的世界、關乎歷史與人。這是種看待世界的獨特觀點，讓世界獲得全新面貌，和嚴肅的觀點相比，也絲毫不缺乏深度（甚至可能更深刻）。因此，笑與嚴肅同等，有資格出現在偉大文學中，呈現普世問題。世界的某些重要面向只能透過笑來觸及。[31]

如同有力的藝術作品一樣，喜劇用獨特的角度給予世界啟發，這一點其他社會實踐都無法達成。

巴赫金寫這段話時，聯想到的喜劇藝術是狂歡式的幽默，我們後文會再詳細解析。對他而言，狂歡不只是一種常見的慶祝形式，更是一套完整的世界觀，狂歡之笑可說是用來表達觀點的語言。在巴赫金看來，這種語言既是哲學的，也是普世的。他指出：在後文藝復興時期的歐洲，世界與人類的根本真理已經交棒給「嚴肅」的教條式論述，無法再用這種歡樂的語言表達。而在中世紀，笑也從正式崇拜儀式與意識形態中被剔除，只能寄宿在非正式的狂歡次文化中。「階級文化的嚴肅面向，」巴赫金寫道，「具有正式性與權威性，結合暴力、禁令、限制，

31 Mikhail Bakhtin, *Rabelais and his World* (Bloomington, IN, 1984), p. 66.

且必定包含恐懼與威嚇的元素。這些元素在中世紀非常普遍。相反地，笑能克服恐懼，因為笑不懂禁令、沒有限制。笑的語言從未被用於暴力與威權統治。」[32]

在這段令人瞠目結舌、對大眾消遣的理想化描述中，巴赫金似乎忘了「麵包與馬戲」[33]的傳統功能，當然也無從得知電視遊戲節目與右翼喜劇演員的存在。他充滿熱情地描述狂歡式的笑能夠「戰勝神與人的權力、威權命令與禁令、死亡與死後的懲罰、地獄及任何比世界本身更恐怖的存在……敏銳覺察到勝過恐懼，是中世紀之笑的關鍵因素……讓所有令人害怕的，都成為荒唐。」[34]這種喜劇非常政治，標舉出「權力、俗世君王、俗世貴族、所有壓迫與限制的敗北」[35]，並連結到「生育的行動、誕生、更新、豐饒、繁盛」[36]。「在中世紀的諧仿作品中，」巴赫金以輕率誇大的文筆呈現他的觀察：

32 Ibid., p. 90.
33 編注：bread and circus，源自羅馬詩人朱維納（Juvenal）的詩作，意指當權者藉由滿足民眾的溫飽與娛樂，藉此轉移大眾注意力的愚民政策。
34 Ibid., pp. 90–91.
35 Ibid., p. 92.
36 Ibid., p. 95.

> 萬物都有使人發笑的元素，無一例外。笑和嚴肅一樣舉世共通，對整個世界、對歷史、對每一個社會、對意識形態發聲。笑是世界的第二現實，能觸及萬物，而且毫無削減。笑可以說是世界所有元素都具備的歡鬧面向，世界的第二次天啟就蘊藏在玩樂與笑之中。[37]

歡樂與嚴肅是兩種相互牴觸的認知模式，競相成為解釋現實本質的唯一版本，並非只是可任選其一的感覺或論調。

既然狂歡活動嚴格來說只是插曲，巴赫金滿懷熱情描繪的勝利其實十分脆弱。即便如此，他對笑的理論仍有吸引人之處：將狂歡這種最奇異的活動視為現實主義的終極形式，從倫理學和認識論來說都能成立。這讓我們感受到現實真相的狂歡盛會。作為一種不受制約的認知形式，狂歡之笑掌握了世界的真實面貌：無止盡的成長、敗壞、多產、易變、重生、更新，並且排除官方意識形態加諸其

37 Ibid., p. 84.

上的虛假外在輪廓。唯有笑能讓我們認清現實的內在本質。巴赫金強調：笑必須「從恐懼、痛苦、暴力等嚴肅所羅織的陰鬱謊言面紗下，解放這世界歡樂的真相」[38]。維多利亞時期的小說家喬治・梅瑞狄斯（George Meredith）也有類似看法，他說喜劇是一種藥，「用來解錯覺之毒」[39]。對巴赫金而言，這種幽默與狂歡活動緊緊相繫，因此是重視實踐而非思索的認知形式。只有喧鬧的狂歡精神，如此歡樂、無懼、自由，才有足夠的膽識斷言現實擁有一切多變、短暫、未完成、不安定、開放的特性，也因此無須加諸厚重的粉飾、抽象的擔保、超脫世俗的象徵。喜劇觀點是「清醒的樂觀主義」，讓世界破除神祕，清除意識形態羅織的假象，揭露短暫、有形、反覆無常的本質。

儘管改變和不安定也可能導致災難，為何我們仍應珍視這些特質？原因至今未明。對巴赫金而言，這些只是現實的本有特色，任何現實主義的認識論都會認可這一點，然而，他並沒有解釋為什麼認識論角度上的真實，能夠作為倫理上的

38 Ibid., p. 174.
39 George Meredith, *An Essay on Comedy* (New York, NY, and London, 1972), p. 121.

真實來接受。許多思想家都主張我們必須逆著現實的本質來行動，而非與之共謀。即使如此，喜劇和現實主義之間的關聯仍可予人啟發。幽默或許能讓我們放鬆控制與支配的衝動，得以不受欲望與需求牽制，用自由的眼光看待事物，它們不必然得屬於我們計畫的一部分，才能擁有意義與價值。事實上，正在發笑的身體沒有這種能耐。就像華特・班雅明（Walter Benjamin）所說的機械複製一樣，喜劇驅散了事物懾人的靈光，藉此讓事物與我們拉近距離；但也同時排除了一切深刻的影響，就這點而言，事物可說是被推得更遠，讓我們足以領會，卻不需要觸及我們自身渴望被滿足的需求及欲望。就免除直接實踐的角度而言，幽默和藝術也有共通之處。

接下來，我們會看到巴赫金式的狂歡也可能暴力，也可能大發責難，這種粗暴特質，往往掩蓋在一種正向肯定與身心靈健康的普世精神之下。不過，我們先回頭看看另一套和這種主張相去甚遠的幽默理論。

2 嘲弄與取笑

如果突降反差呈現的是由高至低的軌跡，關於幽默，有另一套所謂的「優越論」也呈現出相似落差，但意義不大一樣。這種理論主張幽默出自意識到同儕的弱點、愚笨、荒唐，因而產生的滿足感。這種主張十分古老，最早可追溯到《舊約聖經》的〈雅歌〉（Book of Solomon），雅威（Yahweh，即耶和華）因他擁有多種用來懲罰惡徒的災難而笑。這是希伯來經典中極少數讓神出現笑意的時刻，在經典裡，神多半都展現出蔑視一切而非和藹可親的形象。奧斯定會（Augustinian）也保留了類似傳統，即上帝對地獄裡的罪人發出嘲笑。[1]貝瑞・山德斯（Barry Sanders）指出西方文學第一次寫到笑，是在《伊里亞德》（*Iliad*）

1 參見 Johan Verberckmoes, 'The Comic and Counter- Reformation in the Spanish Netherlands'，收錄在 Jan Bremmer and Herman Roodenburg (eds), *A Cultural History of Humour* (Cambridge, 1997), p. 81。

第一卷裡，眾神嘲笑火神赫菲斯托斯（Hephaistos）跛足的姿態。[2] 柏拉圖在《斐萊布篇》（*Philebus*）中寫道：喜劇脫胎於惡意的模仿。亞里斯多德同樣認為幽默多半帶有侮辱意味，不過他也讓幽默換上無害的形象，並秉持無懈可擊的政治正確觀念，禁止嘲笑他人的不幸。[3]

西塞羅（Cicero）在〈論演說家〉（On the Orator）中指出，我們看見畸形的人類會發笑；培根（Francis Bacon）也認為荒唐言行與畸陋外表是歡笑的來源。珍·瑞絲（Jean Rhys）的小說《早安，午夜》（*Good Morning, Midnight*）中，敘事者心想：「有些人必須哭，其他人才能夠笑得更痛快。」根據這種充滿偏見的觀點，幽默的主要來源就是目睹他人不幸所產生的喜悅，德國人稱為「幸災樂禍」（*Schadenfreude*）。我們恥笑痴心妄想、自我欺騙、自視甚高、好色不加掩飾、唯我獨尊的貪婪、用爛藉口自我維護，也恥笑不靈光、笨拙和愚蠢之人。如此一

2 參見 Barry Sanders, *Sudden Glory: Laughter as Subversive History* (Boston, MA, 1995), p. 65. 亦可見 Stephen Halliwell, *Greek Laughter* (Cambridge, 2008).

3 參見 Mary Beard, *Laughter in Ancient Rome* (Berkeley, CA, 2014), p. 33.

來，自我得以沉浸在某種虛妄的無敵感受中，同時，藉由看輕令自己焦慮的身體或倫理畸形、挖苦使自己不安的對象、貶抑讓人害怕或痛苦的對手，壓力也就得以釋放。我們可能也會注意到，一旦涉及和內心有關的事務，被嘲笑就表示自己的事例是被輕視而非重視、被忽視而非反駁，因此是特別讓人痛苦的一種羞辱。

優越論的經典範例，可見於霍布斯在《利維坦》（*Leviathan*）裡的一段著名評論：「突如其來的榮耀會帶來激情，產生名為笑的怪相，笑若不是被自己突發的行為取悅，就是因為意識到他人的缺陷，且經由比較，突然覺得自己值得稱許。」[4]我們會笑是因為意識到自己擁有某種「長處」，和他人的缺點或自己過去的缺失產生對比。在此，幽默毫無親切、好玩、正面甚至天馬行空這些成分，一般認為這項能力是用來呈現人類最迷人的特質，在此卻被用來表現最讓人不敢恭維的面向。不過，霍布斯接著強調：如果對他人的痛苦太過著迷，是怯懦的象徵，因此應該避免。偉大的心靈會努力不去嘲笑他人，也只會拿自己和最有能力

4 Thomas Hobbes, *Leviathan* (Cambridge, 2010), p. 43.

的人相較。作家在這裡觸及優越論的一項矛盾：嘲笑他人的不足，只是彰顯自身的道德鄙陋。約瑟夫・艾迪生（Joseph Addison）在他創辦的雜誌《旁觀者》（*The Spectator*）中同意霍布斯的觀點，認為幽默是「內心暗自得意與驕傲」，雖然他承認也有優越感假設無法套用的例子。[5]黑格爾在《藝術哲學》中主張，笑是出於觀察到人類脫序行為而產生的自我滿足。達爾文也認為幽默牽涉到優越感，雖然他還認為幽默與不協調感也有關聯。後來有另一位思想家把優越論結合釋放論，主張打破社會常規會讓我們產生優於規範的愉悅感，拋開戰戰兢兢的盲從態度。[6]相較之下，沙夫茨伯里伯爵深受新柏拉圖式宇宙與社會和諧的信念鼓舞，因此主張只有「服膺奴性準則的人⋯⋯會對庶民產生優越感，並鄙視大眾。」[7]

如果想以優越論作為解釋所有幽默的理論，很多時候都無法自圓其說，不過

---

5 Donald F. Bond (ed.), *The Spectator* (Oxford, 1965), vol. 1, p. 147.

6 參見 A. M. Ludovici, *The Secret of Laughter* (London, 1932), p. 31.

7 Anthony Earl of Shaftesbury, *Characteristics of Men, Manners, Opinions, Times Etc* (Bristol, 1995), vol. 1, p. 53.

它在近代還是有幾位擁護者。[8]事實上，這套理論有時不僅說不通，甚至有點好笑。堅持相信那些看來興高采烈、展現同伴情誼、天真無邪的趣味，事實上無論在何時何地，全都是受到想貶低他人的惡質欲望驅使，實在是邪惡得有點滑稽。看似正面的表象，背後都是不良居心、惡意、傲慢、侵略性。詩人羅伯特・佛斯特（Robert Frost）曾提出以下觀察：「任何形式的幽默，都顯示出恐懼與自卑。反諷只不過是一種自衛……說到底，世界並不好笑，我們只有在想避免與人摩擦時會開玩笑……幽默是一種最討喜的懦弱。」[9]可是，就連嘲弄他人的幽默，都不一定符合優越論的定義。我們可能會因為某人褲子掉下來而發笑，卻同時認為對方除了選擇腰帶的眼光之外，其他任何層面都勝過自己。無論如何，褲子掉下來不算什麼道德缺陷，雙腿在大眾面前裸露，並不代表本質低劣。我們也可以一

8 例如，可以看看 Roger Scruton, 'Laughter'，收錄在 John Morreall (ed.), *The Philosophy of Laughter and Humor* (New York, NY, 1987)，他主張幽默是對目標對象的貶抑，還有 F. H. Buckley, *The Morality of Laughter* (Ann Arbor, MI, 2003)，認為雖然優越感不是笑的充分條件，卻是必要條件。舉例來說，根據他的說法，文字遊戲是一種競爭行為，目的是標舉出自己的智識優於他人。關於反對幽默是基於優越感的論點，可參見 Ludovici, *The Secret of Laughter*, chapter 2。

9 引用自 Matthew Bevis, *London Review of Books*, vol. 37, no. 4 (February, 2015), p. 22.

方面因為他人的缺點沾沾自喜，一方面內心清楚我們擁有同樣的缺陷。即使一個人近視，也可能因為近視者的姿態竊笑。貓王艾維斯．普里斯萊（Elvis Presley）用藥成癮，卻也積極投入反毒活動。此外，就算所有幽默都和貶損某個對象有關，卻也不是所有貶損都涉及幽默。我們並不會因為嬰兒沒辦法掌握建構理論的準則，或蛇沒辦法好好操作洗碗機而笑倒在地。

沙夫茨伯里伯爵雖然不認同霍布斯的觀點，卻發展出一個將惡意幽默結合釋放論的解釋版本，是十分少見的組合。他說人的自然天性從限制中解放時，「會樂於透過諷刺、模仿或滑稽行為等方式自我發洩，並對給予他們限制的對象進行報復」。[10]哲學家法蘭西斯．哈奇森針對笑的論著，對他居住的愛爾蘭阿爾斯特省新教教區而言，並非很常見的文學體裁，在書中，他盡情駁斥了霍布斯讓人掃興的見解。「實在遺憾，」他筆帶譏諷，「天氣不好的時候我們沒辦法闖進醫院或漢生病院，好好花一個下午嘲笑這些低等的對象……」[11]他還故作困惑地說，

10 Shaftesbury, *Characteristics of Men*, p. 33.

11 Francis Hutcheson, *Reflections upon Laughter, and Remarks upon Fable of the Bees* (Glasgow, 1750), p. 12. 關於哈奇森的善意哲學，可參見 Terry Eagleton, *Heathcliff and the Great Hunger* (London, 1995), chapter 3.

真不知道為什麼霍布斯學派的人竟然沒有認真收集貓頭鷹、蝸牛、牡蠣這類低等生物「來逗自己開心」。在〈梅杜莎之笑〉（The Laugh of the Medusa）中，愛蓮・西蘇（Hélène Cixous）認為女人的笑戳破了男性的自命不凡，因此對優越感而言，是打擊而非佐證。[12]比起對權力的實踐，喜劇可能更接近對權力的質疑，是爭奪象徵權力的鬥爭場域，並不只是掌權者的冷嘲熱諷。

亨利・柏格森（Henri Bergson）所提出的幽默概念，則認為幽默是對社會中某些僵化現象的回應，可以視為優越論的一種。柏格森主張：所有幽默的目的都是羞辱，類似某種祕密共濟會，或是與共享輕蔑觀點的人共謀。在這套理論中，人會嘲笑盲從、過分執著、墨守成規、無法根據所處情境自我調整的人事物，照著自己步調一板一眼行動的怪人就是一個例子。而幽默的重點是要運用嘲弄的力量，來鞭笞這些脫離常軌的對象，迫使他們歸隊。因此，笑是一種社會矯正的行動，用來限制社會偏差，磨練呆板的性格與行為，藉此產生現代社會需要的心理

12 這篇文章可在 Martha Segarra (ed.), *The Portable Cixous* (New York, NY, 2010) 中找到。

可塑性。也就是說，喜劇擁有直接的社會功能，從朱維納到伊夫林・沃（Evelyn Waugh）一脈相承的大量社會諷刺作品，就是這種作用。我們總認為幽默沒有必要性、沒有功能，但這套理論則持相反意見，認為幽默最傳統的功能之一，就是社會改革。如果責罵無法讓人向善，就用譏諷迫使他們配合。敵對意識因此被馴化得更加文明。「人會因為說教無法矯正的錯誤而受到嘲笑。」法蘭西斯・哈奇森寫道。[13]當然，這並不是幽默的唯一功用。幽默也可以用於操縱或誘騙、討好或卸除防備、破冰、敲定合約、撫慰或施予傷害。關於最後一項，可以回想「諷刺」（sarcasm）這個詞的語源，在古希臘文中，它的意思是撕裂血肉。幽默可以是防衛或肯定、顛覆或頌揚、團結或批判，而不只是暫時擺脫這些實用事務的方法。

例如，想想亨利・菲爾丁（Henry Fielding）的小說，他和大多數早於湯瑪士・哈代（Thomas Hardy）的英國小說家一樣，是一位喜劇作家（雖然同代人中也有

13 Francis Hutcheson, *Thoughts on Laughter* (Bristol, 1989), p. 51.

山繆・理查森〔Samuel Richardson〕這個明顯的例外）。喜劇扮演促進社會進步的角色，挽救不幸、解決衝突、懲惡揚善，透過鞭笞過分脫離常軌的對象，使其回歸正途，來恢復某種程度的秩序，並使暫時陷入混亂的社會取得平衡。珍・奧斯汀的小說雖然不會讓人笑破肚皮，但從這層意義上來說，也屬於喜劇。這件事或許還有個不太有趣的隱含意義：這種正義，現在只能透過文學來實踐，只有在虛構故事裡，社會衝突能夠放鬆、矛盾能夠弭平。這類喜劇藝術呈現給我們對社會和諧的想像，既是烏托邦式的幻想，又帶有意識形態。

柏格森的喜劇關乎智識而非感受。他的形容十分精準：喜劇需要「心靈的暫時麻木」。[14]佛洛伊德也認為喜劇和任何強烈的情緒都不相容。事實上，喜劇讓我們得以省下這些情緒，把憐憫或同情轉換為玩笑。也就是說，從優越論的角度來看，幽默是無情的，同理心是它的死敵。在選集《黑色幽默》（*Black Humour*）中，安德烈・布勒東（André Breton）觀察到，多愁善感會扼殺幽默。

14 Henri Bergson, *Laughter: An Essay on the Meaning of the Comic* (London, 1935), p. 5.

另一位理論家則推斷，笑是對抗同情心的解藥，能夠保護我們不受他人的痛苦所傷。[15]巴克利（F. H. Buckley）堅持把優越論套用在每一種想像得到的幽默形式上，他甚至把狂歡也包納進來，認為喜愛享樂的大眾利用這種方式對情感匱乏的統治者炫耀其活力。[16]小說家安潔拉・卡特（Angela Carter）形容喜劇是發生在別人身上的悲劇，梅爾・布魯克斯（Mel Brooks）則說悲劇是自己切到手指，喜劇是別人摔進水溝喪命。根據這個觀點，笑是和現實產生連結，畢竟人對覺得好笑的事物必定有鮮明的認識，但同時又拉開距離，漠不關心、不屑一顧、不認為有什麼大不了。看見他人失態犯錯，我們會產生一種自己所向無敵的錯誤認知，進而產生永生不死的錯覺。透過把自己的缺陷投射在別人身上，可憐卑微的自我得以感受到超脫傷害的幸福瞬間，以十八世紀的語彙來形容，這種狀態稱為昇華（sublime）。透過這種防衛機制的作用，人得以確保自己不被苦惱與焦慮壓垮。

伊夫林・沃早期的諷刺小說中，採用了一種平鋪直敘、毫無波瀾、死氣沉沉

15 參見 W. McDougall, *The Group Mind* (New York, NY, 1920), p. 23.
16 參見 Buckley, *The Morality of Laughter*, p. 37.

的風格（「他被判七年徒刑」這種敘述已經算是驚人之鳴），避免讓讀者內心過度痛苦，再怪異的人物、再怎麼光怪陸離的事件，他都用中性筆調過濾，使其扁平化、被抽乾內在，排除引發情緒的可能。這是諷刺文學對優越論的實踐，讓小說中來來去去的妙齡少女、遊手好閒的上流階級、臉孔發紫的酒客都失去個人特色，卻也巧妙避免傳達出對這些人物的批判。小說用非常表面而形式化的方式來呈現角色，反映出角色自身的道德與情感麻木，他們無法切身體會自己的經驗，如此一來，在這個道德真空的世界裡，不管是敘事者或小說中的受害者與代罪羔羊，都無法道出真正明確的批判。在這層意義上，作品形式讓小說本身站在一個比小說主題優越、又與主題共謀的位置。這些小說的觀察方式看似冷淡，卻默許了所目睹的行為。與此同時，讀者也不必承擔壓力，要去解讀角色的細微感受與複雜性，因而可以放鬆地笑得更大聲。

***

喜劇可以是正面肯定的詞彙，也可以是貶損。如果稱某人為諧星，除非對方真的是做這份工作，否則恐怕稱不上誇獎。喜劇演員肯・杜德（Ken Dodd）遭到一位律師指控逃漏稅時，主張雖然有些會計師是喜劇演員，但恐怕沒有太多喜劇演員是會計師，成功為自己辯護。「人間喜劇」（human comedy）這個詞，指的可能是欣喜於人類存在的活力與多樣性，一如巴爾札克的同名作品；但這個詞也可能意指人類這種生物不過是個笑話，不值得認真看待。確實，假設站在眾神的立場思考，可能會覺得人間一切都是拙劣的鬧劇，最憂鬱的哲學家叔本華就是這麼想的。由於內心充滿哀愁，叔本華發現：當自己看見名為人類的可悲螻蟻時，很難壓抑難以置信的哼笑，他說：「這個世界充斥永不饜足的生物，他們自相殘殺，只為了多存在一段時間，而存在的時間都在焦慮與匱乏中度過，還得忍受可怕的折磨，直到落入死亡的懷抱方始告終。」在這個「生命承受痛苦與折磨的戰場」上，沒有什麼遠大目標，只有「暫時的滿足、受需求宰制的短暫愉悅、漫長沉重的受苦、持續困鬥、與萬物為敵、既是獵人也是獵物、壓力、匱乏、需求、焦慮、尖叫與咆哮，這一切會持續到永恆萬世，或至少持續到地殼再度分裂。」[17]

儘管充滿憎惡，這一觀點卻有種陰鬱的喜感。從這種奧林帕斯眾神的角度看待事物，和積極徒勞追求目標、深信自己非常重要的俗世男女恰成對比，喜劇就在兩者的不協調間產生。這種雙重視角也出現在湯瑪士・哈代的小說裡，這位小說家會先把視角放在人物的肩膀後方，然後拉遠鏡頭，放寬視野，顯示出這個角色在遼闊的自然風景裡，只是一個蠕動的小點。這種喜劇和史威夫特的諷刺作品一樣，運用激烈的精簡手法，踩在虛無主義與療癒人心之間的纖細界線上。從這等高度俯瞰，人類的多樣性被縮減到只剩幾種典型，他們各自相信自己擁有自由與獨特性，實際行動卻在不知不覺間，符合了某種角色的殘酷命運。正如所有鬧劇一般，這種觀看角度也把喜劇與無意義彼此結合。

不過，疏離也可以產生某種同情心。知道沒什麼事要緊，會讓我們放鬆下來，因而有餘裕同情他人。自己的事務不再如此壓迫，就能用更冷眼嘲諷的角度去看

17 Arthur Schopenhauer, *The World as Will and Representation* (New York, NY, 1969), vol. 2, pp. 349, 581 and 354.

待一切，也可以對他人（同樣無足輕重的）事務更自在地做出反應。或者，我們會將視線離開個人之惡，轉而關注彼此共通的困境，藉由削減個人的特殊性，來換得對其處境的同情。如果一個人會對人世場景作嘔，一定也能從中看出嘲諷的趣味，就如威廉．薩克萊（William Thackeray）在《浮華世界》（*Vanity Fair*）的結尾所言：「啊，空虛啊！在這世上我們有哪個人快樂？有哪個人擁有欲望？有哪個擁有欲望的人獲得滿足？——來吧，孩子們，讓我們蓋上盒子，收起木偶，因為戲已經落幕。」在小說進程中，我們視為血肉之軀的角色，在最後這段疲憊且帶有優越姿態的宣言中，被降格為塗脂抹粉的玩偶，而書中種種複雜的行動，也只不過是給小孩打發時間的餘興節目。

在《亞當．貝得》（*Adam Bede*）裡，喬治．艾略特（George Eliot）說起她筆下那些不起眼的中下階級小人物，也採取類似的筆調：

> 我們必須接受這些凡夫俗子本來的面貌：你不能把他們的鼻樑扭正，不能讓他們變聰明、矯正他們的性格。你就是在這些人的圍繞下度過一生，所以應該包

容、憐憫、愛這些人，在這些多少有點醜陋、愚蠢、言行反覆的人展現出善行時，應該有能力去欣賞，該為他們珍惜所有可能的希望、可能的耐心……在忠實呈現這些無趣尋常人物的場景中，我找到同理心的來源，這些人的遭遇，正是我生命中諸多平凡人的命運，既不富裕也不匱乏，沒有悲劇性的苦難或是足以撼動世界的大事件。（第十七章）

從這種深情但保持距離的角度俯瞰，每個人都了無生氣、愚蠢，還有點令人反感。不過，雖然他們或許和悲劇英雄主義或充滿遠見的理想主義相距甚遠，卻並不是毫無價值。這種帶有反差的優越態度，一方面對這些可笑生物抱持溫馨開明的同情，一方面以帶有挖苦的寬容來面對他們的怪異與缺點。同情心之所以珍貴，正是因為這些人實在很難讓人喜愛。這些平凡的角色毫無希望，但也並不邪惡。平庸讓他們的人生乏味單調，卻也使他們免於接觸駭人之惡。如果他們更英勇或更亮眼，我們可能就不容易有共鳴。只要不對這類個體抱持過多期待（艾略特在下文中，指責烏托邦主義者和革命家「高尚的理論只適合極端的世界」），他們就成為能夠憐憫、也適合消遣的對象。不過，寬容的觀點也可能導向不良政治後果：如果平民百姓果真如此充滿缺陷，他們也許需要政府鐵腕管理。

根據這種帶有溫和貶損的評價，人類不是獲得救贖或革命的料，他們只能做自己。像舞台劇演員或小說人物一樣，他們只能扮演經過細心編排的角色，無法再多做什麼。從這種優勢角度，就能看出人的行為多麼受限，宛如觀察一窩螞蟻。他們並不自由，也無法自主決定，不過他們可能需要假設自己具備這些能力，社會存在才不致崩潰。葉慈在〈一九一六年復活節〉（Easter 1916）這首詩裡說：約翰．麥布里德（John MacBride）「辭去在隨興喜劇中／所擔任的角色」，但他一旦跨出這一步，就只能迎接死亡。從這種冷酷的命運決定論中，也許能得到某種陰鬱的滿足感。小人物可能沒特色，但至少可以預測。他們不會有超乎尋常的作為，但我們知道該如何看待他們。

如果人類就是活在無意義的循環中，便不會催生犬儒主義或優越感，只會產生喜劇。我們大可放心，因為在世界周而復始的迴環中，不會真正失去什麼；一切最終都會回復，只是略有不同；每一種現象都只是永恆存在的元素形成的暫時組合；如果我們自己並非永生不死，至少我們隸屬的這個世界的精神、或龐大的事物洪流會是永恆。因此，有別於艾略特的《荒原》，喬伊斯在《芬尼根守靈》中能夠以狂歡姿態慶祝這種永劫輪迴，他的同胞葉慈則期待未來在歷史之輪的轉動下，不屈不撓的盎格魯愛爾蘭人能夠取回光榮地位。在他的詩〈天青石雕〉（Lapis Lazuli）中，石雕裡的中國人居高臨下，俯視著腐朽、毀壞、暴力、更迭的種種場景，看進一切的雙眼閃動著愉悅。

因此，殘酷和痛苦確實存在，但世界也非常清楚這些事實。太陽底下沒有新鮮事，既然我們什麼都見識過了，就可以免去面對陌生事物產生的心理不適。在這個名為宇宙的龐大藝術作品中，一切都無法改變，因此我們必須接受人的價值判斷沒有意義，每一件事物都有分配好的位置，面對世界唯一合適的態度就是從美學角度去欣賞，介入與改變都不可能。喜劇與宿命論因此相互結合。擺脫道德良心的負擔，我們就能看見整個世界，知道自己和不滅的萬物相連，但在世界眼中不比海上的一片波浪更具重要性。這種在宇宙中活得自在的深層輕鬆感，正是最深刻的喜劇經驗之一，這自然不是滑稽可笑的那種喜劇，幽默在此是從平靜之中萌發。當然，這並不代表幽默可以不受批判。深刻未必代表正確，這種觀點無法理解承受絕對損失的悲劇經驗。畢竟如果一切都能回收和恢復，就沒有什麼傷害是無法挽回。這也可能衍生道德與政治怠惰，因為我們最多只能把現實視為某種偉大藝術品，心知我們和大自然一樣不會以失敗告終、能夠平靜超脫圍繞著我們的一切不幸。

某位我認識的社會學家有一次到系上去，發現他的祕書在哭。為了想辦法安慰她，他走過走廊，眼光飄進另一間辦公室，卻看到另一個祕書也在哭。「一位祕書在哭是悲劇，」他對我說，「兩位就是社會學了。」或者，也可以說是喜劇，按照剛剛所說的定義來看。社會學家關注的不是個體現象，而個體現象也不適合成為喜劇。從一段距離之外觀察人事的整體構成，包括共通的行為模式與儀式般反覆出現的特色，才是喜劇的關注重點。這是最最仰賴人類本性這個概念的藝術形式。這種方式在高級悲劇中是例外，在喜劇中則尋常不過。第二位祕書的哭泣，似乎讓第一位的悲傷減損了價值，把焦點從個人轉移到整體狀態，拉開和第一位哭泣祕書的距離，使我們的情緒反應變得平淡。後文會再細說，相似和重複也是喜劇元素，釋放了用來關注單一現象的精力。讓我們覺得好笑的是重複，而非悲傷。我們預期事物各自不同，所以如果不經意遇上一模一樣的例子，不協調感就會讓我們發笑。只有在這種情境裡，不協調感不是來自兩種或更多種不同現實的相互撞擊。

放眼整體構成，並和個人的命運拉開距離，在許多舞台喜劇裡都是常見手法。這類情節吸引我們投入，但也不讓我們過度靠近，通常透過形式來達成。試想那些了不起的劇場作品，如班．強生的《鍊金術士》或王爾德的《不可兒戲》（*The Importance of Being Earnest*），藉由把行動風格化與形式化，並讓角色符合刻板印象、突顯他們的語言特色，讓我們即使放鬆大笑，還是能同時保持距離。看見好笑的刻板印象，原本用來理解更寫實角色複雜性的力氣得以省下，用一聲輕笑或哼笑釋放出來。同情心對這種娛樂而言是致命打擊。這種風格化在鬧劇中達到巔峰：運用重疊、鏡像、不協調、逆轉、事與願違、代換，以及交錯、反轉、反覆、加倍的效果，加上種種驚人巧合，這一切形式上的整齊，賦予秩序負面的印象。角色被簡化到只用來承載行動，不具主體性，只不過是上滿油的機器裡的一個齒輪。我們不容易想到要同情他們，就像我們不會輕易同情金絲雀一樣。就算是較少鬧劇成分的喜劇，劇情也可能佔據主要地位，作用是成為世俗版本的天意。要是看見善良的角色汲汲營營於自身，我們會感到掃興，因此情節必須擔下這個任務，給予他們房地產、失散的兄弟姊妹、匹配又富有的結婚對象，從而也就免不了犧牲掉一些真實性。在真實世界裡，奧利佛・退斯特（Oliver Twist）最後穿上高級襯衫和絲絨外套的機率能有多少？如果真實描繪一個險惡的世界，可能反而毀掉了劇作想強調的價值，因此對現實主義的嘲弄，就成為不得不付出的代價。安排小人物獲得以一己之力不太可能獲得的成果，是喜劇憐憫他們的弱小無助。既然歷史經常把事情搞砸，就需要喜劇來補足欠缺。

另一種迥然不同的例子是布萊希特（Brecht）式的劇場，不讓觀眾產生同理心，使任何特定觀點在我們眼中都相對化，讓我們能夠從宏觀角度來評斷劇中人的行動。這種保持距離的評斷方式，對衝突與矛盾的存在有所警覺，不認同絕對的立場。觀眾必須摒除一切的情感認同，但也唯有如此，才能基於一種更大的同理心，超脫戲劇本身，把整體政治社會納入考量，自由地做出批判性判斷。這種戲劇的喜劇元素不在機鋒妙語或幽默，而在結構上的反諷：讓一個觀點和另一個對立觀點進行對決，坦然呈現出矛盾，暗示這世上存在各種和現實發展不同的可能性，以及（基於所謂的「陌生化效果」〔alienation effect〕）一邊行動一邊從客觀角度評論自己的行動。這類手段具有辯證特質，的確，布萊希特本人就曾說過，從來沒有哪個沒幽默感的人能夠理解辯證思維。這種思維絲毫不會損及娛樂性。「在科學時代，」他說；

> 劇場的立場就是要讓辯證成為樂趣的來源。邏輯發展或迂迴進展造成的出乎意料、任何情境都具有的不穩定性、矛盾帶來的笑果等等，都是欣賞人事物活力的方式，突顯出我們對生命的容受度，以及因理解產生的愉悅。[18]

說出這段話的這位劇作家，主張讓思考成為一種感官愉悅。「展開思考最棒

18 John Willett (ed.), *Brecht on Theatre* (London, 1964), p. 277.

的方式就是笑，」布萊希特第一位忠實擁護者班雅明說，「講得更明白一點，橫膈膜的顫抖通常比靈魂的顫抖更能讓人好好思考。」[19]布萊希特的戲劇把用來製造效果的機制都攤在陽光下，也就打破了寫實主義的幻覺魔咒，讓觀眾不用再耗費心理能量去維持假象，可以把精力花在以批判角度做出評價。這種釋放的原理和笑聲相同。

對布萊希特和巴赫金來說，歷史反覆無常、結局開放，這件事本身就帶有喜感。最終極的喜劇反轉就是政治革命。希特勒前一天還是個油漆工，今天就成為總理，這種發展預示了他明天可能就死在一個地堡裡。和喜劇相反的是命運。就這個角度而言，布萊希特的喜劇美學和宿命論的世界觀非常不一樣。無可否認，這整套觀點忽略了一項事實：如果暴政容易變動，那麼正義和同胞情誼也是一樣。不過，布萊希特認為即使情勢變糟，也能提醒我們情勢有變好的可能性。辯證就像是歷史的反諷智慧。對馬克思主義而言，資本主義階級的存在會葬送自

---

19 Walter Benjamin, *Understanding Brecht* (London, 1973), p. 101.

身，就很有黑色喜劇風格，世上不幸的小人物未來可能掌權，同樣帶有不協調的幽默感。黑格爾也認為歷史擁有此類喜劇結構，因為在動機與行為、意圖與結果、欲望與滿足之間的落差，正是推動人類發展的原動力。根據這種觀點，事情走偏、脫離正軌、發展出乎意料，這種種不協調，正是讓精神（Spirit）得以開展的原因。吉蓮・羅斯（Gillian Rose）曾寫道，黑格爾的《精神現象學》（*Phenomenology of Spirit*）是「一連串的喜劇，根據這本書所說，我們的目標和結果總是對不上，因此產生重新修正過的目標與行動，以及再次不相應的結果」。[20] 歷史的心臟裡存在雜音，但沒有雜音的話就會陷入死寂。也許還可以補記一點：像布萊希特這種認為黑格爾帶有喜劇成分的人，想必看了《菲德赫》（*Phèdre*）或《美迪亞》（*Medea*）也會發笑。

值得注意的是，喜劇和風趣一樣，不一定要好笑。《暴風雨》（*The Tempest*）裡就沒有太多搞笑橋段。契訶夫（Chekhov）的作品有喜劇特質，但不

20 Gillian Rose, *Mourning Becomes the Law: Philosophy and Representation* (Cambridge, 1996), p. 71.

搞笑，雖然他的事業是以撰寫鬧劇和趣聞軼事起步的。在《第十二夜》裡看見荒唐的馬伏里奧穿著交叉吊襪帶上台時，我們會笑，但看見《仲夏夜之夢》的愛侶陷入複雜糾葛時則不會。根據古典定義，喜劇是事件偏離正軌，製造出娛樂性，最終又獲得修正的故事。災難步步迫近，但最後會被成功避開。我們抱持著雖幼稚但合理的期待，希望眼淚能被擦乾，戲劇給了我們虛構的實現，而福音書中擔保未來在新耶路撒冷（New Jerusalem），這種希望也會在現實中實現。喜劇裡充斥著災難和失態，但只要給予時間和一點奇蹟，一切就能得到解決。如同約翰·羅勃茲（John Roberts）所說，喜劇見證了「人類克服誤會、錯誤、誤解的無限能力，能夠讓情勢復原、真相更新」。[21]的確，如果未曾錯開和偏離，真相就沒辦法展現。根據黑格爾的觀點，錯誤和誤解內建在真相的自我表露之中。齊克果（Søren Kierkegaard）在《總結對哲學片段的非科學附記》（*Concluding Unscientific Postscript to Philosophical Fragments*）中主張：悲劇發動無法解決的矛盾，而喜劇中

21 John Roberts, *The Necessity of Errors* (London and New York, NY, 2011), p. 204.

的矛盾則可以解決。不過，以上一切都不會讓我們大笑到滾下劇院階梯。也沒怎麼聽說過有人因為笑到血管爆裂，從《鄉村之妻》（*The Country Wife*）或《屈身求愛》（*She Stoops to Conquer*）的演出現場被抬出去。

桑多爾・費倫齊承認優越論的說服力，但仍主張從根本而言，喜劇是一種與瑕疵和弱點有關的團結形式：「笑的本質：可以那麼不完美有多好啊！嘲笑的本質：我行為端正，沒有那些缺點，真是太好了！……在每一種嘲笑背後，都隱藏著無意識的笑。」[22]根據這個說法，嘲笑別人的作用，是掩蓋我們自己也想擁有展現缺點的自由。要不是害怕社會譴責，放縱自己表現愚蠢一定讓人滿足不已。就像在柏拉圖的《理想國》（*Republic*）中，蘇格拉底這位帶有丑角特質的哲學家就說：我們熱愛欣賞其他人盡情做出荒謬舉止的奇觀，是因為我們暗自想做同樣的事。事實上，我們也怨恨這種人的無憂無慮，這就是我們即使內心嚮往，表面仍要輕視對方的部分原因。即使如此，我們在嘲笑愚人的同時也和他有共感，

22 Sándor Ferenczi, *Final Contributions to the Problems and Methods of Psychoanalysis* (London, 1955), p. 73.

原因之一是他所展現的愚蠢，讓我們間接釋放了精神壓力。

英國廣播公司電台早年有一位製作人寫信給位在鄉下教區、沒沒無名的英國國教牧師，請他在復活節時來電台講道。附帶一提，製作人說，費用是五英鎊。牧師回信說很樂意接受演講邀約，並隨信附上五英鎊。如果我們微笑，是因為牧師的天真使我們產生了優越感，也是因為我們能夠體會他的想法。自我沒有受到挑戰，也就樂得不必維護自己，甚至可能願意承認自己的缺陷。王爾德說「我唯一無法抗拒的就是誘惑」，這句話像其他大方展示的道德弱點一樣，讓我們暫時放下防備，不用像平時一樣掩蓋自身缺點。正是心智的放鬆使我們微笑。即便如此，那些無法好好藏起自己弱點，反而把弱點像化膿傷口一樣到處展示的人，我們會加以嘲笑，同時也會避開。我們把他們堅定推開，同時也感到害怕，因為他們無恥的自我展現，也許就像怪異的傳染病，會讓我們也跟他們一樣放鬆戒備。如果我們看見《辦公室風雲》（*The Office*）裡大衛．布蘭特（David Brent）小丑般的行為，會心中一緊，原因之一就是我們深怕自己也具備這種丟臉又幼稚的衝動。不過，看見這種特質在節目裡大方展現，儘管令人驚慌，也讓人暗自竊喜，當看見布蘭特因為過度膨脹的自負，感受不到自己的愚蠢時，我們也會暗暗羨慕。

優越論說對了一點，即我們會因為別人的不完美而笑，但如果認為這只不過是因為我們喜歡看輕別人，可就想錯了。確實有很多幽默都與羞辱和辱罵有關。例如糾纏不休的馬伏里奧，讓莎士比亞《第十二夜》遊走在展現歡樂氣氛的危險邊緣；《威尼斯商人》（*The Merchant of Venice*）中，夏洛克（Shylock）殘酷的惡行也是一樣。有些笑話嘲諷女人，例如說創造宇宙的神是一位女性，初時世界黑暗渾沌，「神說要有光，就有了光，然後她說：『呃，可以再讓我看一下黑暗嗎？』」對於這個笑話，女性主義者的合理反擊可能是：「陰莖根部連著的那個沒有用處的部位叫什麼？——男人。」另一個充滿冒犯的問答笑話是：「我們怎麼稱呼一個開飛機的黑人？」「飛行員啊，你這種族歧視的混帳！」

愛爾蘭人以樂於欣賞反愛爾蘭笑話聞名（「凱里郡〔Kerry〕的人會做什麼前戲？」「準備應戰，布莉姬。」）猶太人也愛講自嘲的趣聞，例如以下這則：戈柏困在瑞士的一座山上，暴風雨即將來到，一支由搜救犬、急救人員、山區救難專家組成的紅十字會搜救隊急著要找到他。「戈柏先生，」他們在霧中大喊，「你在哪裡？我們是紅十字會！」只聽一個微弱的聲音喊回來：「我已經捐過了！」另一天，同一位戈柏先生和已經成年的兒子在河邊散步，兒子腳下一滑，掉進水裡。「救命！」戈柏大叫，「我的律師兒子要淹死啦！」此外，也有個笑話是：癡呆症的好處是什麼呢？第一是你可以藏復活節彩蛋給自己找，第二是就算結婚了，每天還是可以換不同的性伴侶，第三是你可以藏復活節彩蛋給自己找。有一幅笑點類似的漫畫，畫的是一群老人參加抗議遊行，喊著「我們要什麼？」「我們要什麼？」這類笑話本意友善而非刻意羞辱，可是這兩者之間的界線恐怕不是任何時候都很明確。笑話可能傳達出侵犯性，同時卻否認這種意圖，讓受害者一旦辯駁就顯得沒有幽默感（「只是開玩笑嘛！」）讓目標陷入這種無法辯解的困境，或許是樂趣的一部分吧。

人也可能對自己產生優越感，例如格魯喬．馬克思（Groucho Marx）那句經典妙語：「我不會加入允許我這種人進去的俱樂部。」霍布斯認為自嘲一定是嘲笑過去比較差勁的自我，這種想法用在格魯喬這句話上就說不通了。[23]這個笑話同時自捧也自貶，讓比較高尚的自己藉由輕視擺脫掉比較低等的自己。不想和自己這種人打交道，展現出的是像他這種人缺乏的高尚品味。這個笑點的可憐之處在於自貶，也在於他企圖表現優越的無力舉動。不過說到自貶，尤其是對像格魯喬這樣的猶太人而言，或許是一種生存策略。宣告自己毫無價值，可能是在表明自己不值一殺，殺人者要是殺了我們，只會顯得可笑，並落得跟我們一樣格調低劣，因此，我們才好心提醒他們別傷了尊嚴。接受別人對自己的鄙視，甚至自己加以強調，就能成功化解敵意。從這層意義上說，自嘲型幽默會順應他人所想，以此作為超越這種想法的策略。如果自我伏得夠低，或許就能逃過超我無情的責備。畢竟一個人至少得擁有足夠的見識和彈性，才能拿自己來挖苦。超越平庸的方法，就是坦白承認自己平庸。找其他理由都會變成藉口。英格蘭人特別擅長貶低自己，比如有這麼一個建議說：如果決定要靠右駕駛，最好是慢慢調整（很符

23 參見 John Lippitt, 'Humour', in David E. Cooper (ed.), *A Companion to Aesthetics* (Oxford, 1992), p. 201.

合他們的缺乏革命精神）。

一般認為喜劇表現的，是人類的缺點和侷限如何令表面的高尚形象露出馬腳，但在《絕對反作用力》（*Absolute Recoil*）中，紀傑克（Slavoj Žižek，另譯齊澤克）贊同雅蘭卡・祖潘奇克對這種觀點的反駁。[24]對紀傑克和祖潘奇克來說，喜劇藝術表現的不是侷限，反而是某種奇特的不死能力，像卡通人物一樣能夠從最慘烈的災難中存活，即使從陡峭的高處摔下，只要拍拍身上灰塵，就能從地上跳起來，繼續往前跑。不過，這種觀點和所謂的弱點與侷限論調並非完全背道而馳。正是因為愚人地位低下、充滿瑕疵，才能揭穿所有華而不實的理想主義，賦予他某種奇特的不死能力。已經不能墜得更低的人，享有怪異的無敵狀態，彷彿正因認清了生命有限的現實，才獲得超脫現實的智慧。意識到自身的極限，就是對極限的超越。唯有不起眼的傢伙能勝過死亡，高高在上的掌權者則終將墜落。描繪這種驕傲殞落的文體，是所謂的悲劇。能夠無限期延續生命的，則是毫無意

24 Slavoj Žižek, *Absolute Recoil* (London, 2014), p. 334.

義的事物，像巴赫金式狂歡中那些不死的普通人，面對死亡驅力，能夠盲目地堅持抵抗。

也就是說，我們所談的是生物學上的不死，而非精神不死，再看一次《等待果陀》就能理解：弗拉迪米爾（Vladimir）和愛斯特拉岡（Estragon）沒有辦法上吊自殺，因為自身的死亡對他們來說無法想像。他們沒有足夠的生命力去實踐，沒有足夠的哲學深度去讓自己停止存在，甚至沒辦法下定決心擺脫自己。畢竟，要消滅一個人的意志，需要強烈的意志來執行。這齣戲裡沒有死亡，其實死亡在貝克特的戲裡一般都不存在，取而代之的是物質和道德的逐漸崩解，因為太平庸、太不起眼，以致於無法到達具有決定意味的結局。這些主體太脆弱，甚至沒辦法承擔自己的弱點，和經典悲劇中的主角是兩種極端。悲劇英雄能夠自由運用自己的死亡與失敗，來超越自身有限的狀態，在時間這匹掛毯上織入某種永恆不朽的珍貴印記。相對地，喜劇角色到達的不是永恆，而是不死，也就是無限次存活下來，一而再，再而三。對某些人而言，這種無限不是什麼好事，黑格爾就會將之形容為地獄的景象。

優越論無從解釋一項事實，那就是在某些部落社會中存在所謂「互虧」的關係，這類侮辱可能是一種友誼形式，展現出人類之間的連結具有韌性，禁得起這種帶刺的話語。這套理論也忽略了「笑某人說的笑話」和「嘲笑某人」之間的差異。我們和講述笑話的喜劇演員之間，關係不僅止於暗自鄙夷對方，即使笑話本身帶有冒犯意味，往往使兩者的界線變得模糊。但就算笑話是冒犯的，我們之所以會笑，也是因為我們很享受沉浸在這種意氣相投的交流之中。能產生這種關係的幽默不能單單只用優越論來解釋。不過這種共感確實不容易達到。很多不清楚實情的觀眾會因鮑伯・霍伯（Bob Hope）的笑話而笑，但只有標準最寬鬆的觀眾，才會勉強說這人本身有一點點好笑，因為這類幽默只需要俐落的台風和一群薪水優渥的寫手就能呈現。不過，對於東尼・漢考克、艾瑞克・莫雷坎比（Eric Morecambe）、法蘭基・霍爾德而言並非如此，放在賴瑞・大衛（Larry David）、埃迪・伊札德（Eddie Izzard）、瑞奇・賈維斯（Ricky Gervais）、史提夫・庫根（Steve Coogan）身上也說不通。在這些例子裡，幽默的來源至少得是一種人生風格，一種觀點或古怪的個人特質，而非只是可以獨立存在的笑話。還有一點值得注意，像大衛、賈維斯、庫根這樣的喜劇演員，就算讓自己變成被嘲笑的對象，我們因他們的滑稽之舉而笑時，一定有部分原因是出於欣賞對方技術高明的表演，絕對不是單純的鄙夷。可以想想塞繆爾．詹森充滿智慧的提點：看戲的觀眾未曾有一分一秒忘記自己身在劇場。

法蘭基．霍爾德這種喜劇演員製造出的幽默，一部分來自後設評論，也就是他不斷對劇本、觀眾、他自己的表演、同業的表演等主題冷嘲熱諷的評論。這種作法讓我們得以放鬆精力，不用假裝眼前這個人不是表演者；假裝他的話都是隨口說出，而非根據寫好的劇本，或假裝他和其他人的互動都是真實事件。當然，就如同詹森對觀眾的觀察，我們本就心知肚明，演出來的一切都不是真的，但虛構故事和戲劇，還是需要觀眾暫時壓抑真相，才能產生效果。而如果不再需要賣力壓抑，原本投入的精力就能藉由笑聲釋放。布萊希特的陌生化效果，是讓演員刻意營造「舞台化」表演，明白展現自己是個演員，不是真實世界中的人，藉此讓我們省點力氣。不過，在布萊希特的例子中，省下來的精力不是轉為笑聲，而是用來對劇中行動進行批判性反思。

就算我們真的比荒謬更高一等，我們的反應通常也很曖昧。在《約瑟夫・安德魯斯》（*Joseph Andrews*）這部作品中，作者亨利・菲爾丁覺得實踐善良道德這件事特別有趣，因為在我們這種弱肉強食的世界裡，善良和單純好騙很難區分。如果好人要設法應對四面包圍自己的腐敗，必定至少能辨認出腐敗，但既然如此，他們怎麼還能保持清白？難道他們的天真不就是激發他人心中惡意的原因之一嗎？因而，菲爾丁的小說將諷刺對象指向那些搞不清楚狀況的邪惡受害者，同時譴責犯下惡行的人。不過，這並不代表小說不欣賞受害者的清白。天真的人也許可笑，但也打動人心，比起冷酷的人要討喜得多。我們看見誠實和笨拙的人會露出微笑，不單是因瞧不起他們，也因為讚許他們的正直，不管這種正直有多麼荒謬又不切實際，此外，愉悅也會因為對方不具威脅性而產生。拉岡說：我們對他人的喜愛，是基於對方的匱乏，我們之所以微笑，是因為對方體現出我們的缺陷，而非襯托出我們的完美。喬治・梅瑞狄斯的說法則或許有點太過善良，他寫道：喜劇和輕蔑兩者毫無關聯。他也堅持：你必須揭露人的愚蠢本質，卻不因此減損對他們的愛，對被你刺痛的人也要稍作安撫。[25]

優越論喚起很多和語言本身狀態相關的有趣問題。如果笑話是言語而非物理上的侵犯，其攻擊性是更弱還是更強？遭到言語羞辱，比臉上被揍一拳更好嗎？或者應該相信那句老格言的觀點，認為棍棒石頭頂多只能傷筋斷骨，唯有話語能真正使人受到傷害？一句話比起一拳更能輕易毀掉事業、名聲，甚至一個人的全部。嘲弄和開玩笑看似無傷大雅，但無限延伸下去，便可能成為惡意虐待。不過，和犯下大屠殺或導致成千上萬人經濟崩潰比起來，這種虐待更邪惡嗎？利用言語攻擊，是否像某些動物的儀式性行為，目的是避免真正打起來，或者本身就是一場可能致死的真實戰鬥呢？莎士比亞在《哈姆雷特》裡寫道：話語只是無用的權柄，但在莎士比亞的其他戲劇中，君王的話語也能夠使人頭落地。說話只是一口氣，但也能奪走人的最後一口氣。語言怎麼能既只是符號，又具有實質威力？

幸好，除了惡意和仇恨之外，幽默還有更多種類，我們接下來就會看到。

25 George Meredith, *An Essay on Comedy* (New York, NY, and London, 1972), p. 121.

3 不協調

除了前兩章介紹的理論之外，關於幽默還有更多種解釋，包括遊戲論、衝突論、模稜兩可論、傾向論、優越論、格式塔論、皮亞傑論、構形論等等。[1]不過它們有不少其實只是「不協調論」的不同版本，而不協調論向來是最能解釋人類為什麼笑的理論。根據其論點，幽默會在不協調出現時產生，例如觀點突然變換、語義突然改變、不一致或差異引起注意、熟悉的事物突然變得陌生等等。[2]這種暫時的「意義脫鉤」[3]，可能是有條理的思索過程突然遭到中斷，或是出現

1 關於不同觀點的討論，可參見 Christopher P. Wilson, *Jokes: Form, Content, Use and Function* (London and New York, NY, 1979).

2 從心理學角度研究此理論，可見 Paul E. McGhee, 'On the Cognitive Origins of Incongruity Humor'，收錄在 Jeffrey H. Goldstein and Paul E. McGhee (eds), *The Psychology of Humor* (New York, NY, and London, 1972).

3 Noël Carroll, *Humour: A Very Short Introduction* (Oxford, 2014), p. 28.

對規則或習慣的違反。[4]按照孟若（D. H. Munro）的說法，這就是對尋常事物秩序的破壞。[5]哲學家湯瑪斯・內格爾（Thomas Nagel）舉出各種荒謬事例，包括在接受騎士加冕時褲子掉下來、對語音信箱表訴愛意、惡名昭彰的罪犯當上慈善機構主席等等，都是不協調的好例子。[6]（內格爾或許也可以在清單裡補一項：犯下戰爭罪的美國國務卿獲得諾貝爾和平獎。經典的黑色喜劇。）心理學家告訴我們：兩歲以下的小孩看見不協調的景象就會笑。[7]遮住臉再突然亮出的遊戲，只有幾個月大的嬰兒都會覺得有趣，這是人類最早接觸到的不協調，即一種外觀快速變換成另一種。佛洛伊德堅持兒童對於好笑沒有概念，但或許真正搞不清楚狀況的，是寫出《笑話及其與無意識的關係》（*Jokes and Their Relation to the Unconscious*）這本出奇無趣書籍的作者。

---

4 參見 L. W. Kline, 'The Psychology of Humor', *American Journal of Psychology*, vol. 18 (1907).

5 D. H. Munro, *Argument of Laughter* (Melbourne, 1951), p. 40ff.

6 Thomas Nagel, *Mortal Questions* (Cambridge, 1979), p. 13.

7 參見 Mary K. Rothbart, 'Incongruity, Problem- Solving and Laughter'，收錄在 Antony J. Chapman and Hugh C. Foot (eds), *Humor and Laughter: Theory, Research and Applications* (London, 1976).

十八世紀的詩人馬克．阿肯賽得（Mark Akenside）在詩作〈想像的樂趣〉（The Pleasures of the Imagination）中寫道：

在荒謬施展力量之處
其怪異的面容、不協調的形式
無法和諧共存的組成元素
令敏銳的觀察者猛然一驚[8]

十八世紀的學者詹姆士．比提（James Beattie）也寫過這項主題，他在《詩與音樂文集》（*Essays on Poetry and Music*）中提到：任何由異質成分組成的東西都會令我們發笑，然而，幽默也能從出乎預期的相似中產生。他承認：有些形式的不協調並不好笑，不過這是因為喜感的強度不及其他情緒（憐憫、恐懼、作嘔、

8 Mark Akenside, *The Pleasures of the Imagination* (Washington, DC, 2000), p. 100.

欣賞等等）所致。不協調也很容易被化解與馴化，因而無法再取悅我們。比提寫道：「少有不協調的感受無法靠習慣緩解。」[9]此外，還有文化差異存在，使得「地球上每個國家都具有某些特殊的打扮或舉止，而大家都互相覺得可笑。」[10]他認為：我們也可能被道德上無法認同的不協調感取悅，例如那些政治不正確但很好笑的笑話，或是帶有爭議性意識形態的藝術作品。

康德和叔本華都把笑和不協調感連結在一起。在《判斷力批判》中，康德用了一個古怪的比喻：「心智突然改變，從一個觀點換成另一個觀點去思索某個對象，可以對應到和橫膈膜相連的內臟彈性部分繃緊與鬆弛交替的狀態。」[11]造成的結果，就是肺部利用笑來排出空氣。身體與心靈的動態相互對應，也讓不協調論和釋放論產生關聯。在叔本華《作為意志和表象的世界》（*The World as Will and Representation*）中，不和諧的關鍵，來自一項事物的概念與我們對其感官認

9 James Beattie, *Essays on Poetry and Music* (Dublin, 1778), vol. 2, p. 366.
10 Ibid., p. 372.
11 Immanuel Kant, *Critique of Judgment* (Cambridge, 2002), p. 210. 經過少許改寫。

知間的落差。我們或可由此發展出某種幽默的認識論：滑稽感出自把事物納入不適合的概念中，或是把事物歸類於從某個角度看似適合、從另一個角度看卻又格格不入的概念底下。另外，把不同的事物放在同一種概念底下，也能製造喜劇效果。

同時，在此運作的還包含優越感。叔本華所定義的意志（the Will）這個類別，包含身體的、直覺的、感知的、不證自明的、不由自主的，以及令人喜悅的層次，他認為意志和理性（Reason）與觀念（the Idea）永遠處於對抗狀態，而幽默就存在於理性無法消化細膩複雜的感知經驗，因而必須暫時放鬆限制的瞬間。這可說是愚人與主人地位逆轉的認識論版本，喜劇，代表地位低下的意志短暫勝過了形而上的觀念。或用佛洛伊德的術語來說，代表本我勝過了超我。如果這種勝利值得稱許，主要是因為叔本華和佛洛伊德都認為理性壓抑並約束了感官的愉悅。叔本華說：正因如此，看見「理性這位毫不放鬆、讓人討厭的嚴肅老師」暫時陷入不利的態勢，才會令人滿足。在這層意義上，所有幽默，可以說都帶有幸災樂禍的成分，就算沒有嘲笑他人的苦痛也是一樣。我們所攻擊的是自己備受推崇的理性，而那個陷入窘境、因此讓我們愉悅的人，也是我們自己。

維多利亞時期的哲學家赫伯特・史賓塞，在一篇從生理學角度談論笑的文章中，也表明支持不協調論，雖然前文提過，他贊同笑是一種宣洩。[12]達爾文主張笑是經由「某種不協調、莫名其妙，因而令人激動的驚訝」[13]產生，不過他也認為笑中通常帶有優越的壓迫力。因此，和不少思想家一樣，他把解釋幽默的兩種論調連結起來。佛洛伊德也是如此，不過他所連結的是釋放論與不協調論。我們已經談過佛洛伊德認為幽默和放鬆壓抑有關，但他也認為幽默也關乎不相容的特徵被組合在一起。舉例來說，押韻透過聲音把不同的字詞組合起來，以佛洛伊德的觀點而言，這就是風趣的一種表現。

在名為〈喜劇性〉（The Comic）的文章中，愛默生（Ralph Waldo Emerson）主張幽默本來就具備突降反差特質，是理想與現實、概念與實踐之間的衝突，他

12 Herbert Spencer, 'The Physiology of Laughter'，收錄在 *Essays on Education and Kindred Subjects*, intro. Charles W. Eliot (London, 1911).

13 Charles Darwin, *The Expression of the Emotions in Man and Animals* (London, 1979), p. 200.

認為幽默與對差異的感知有關。拉塔（L. Latta）則認為幽默是一連串快速的認知轉換結果，這種轉換過程使心智放鬆，進而製造出笑。不過根據他的觀點，這種轉換未必會涉及不協調，因此他的看法與標準的不協調論又有區別。[14]葛瑞格（J. Y. T. Greig）則認為笑是來自不同狀態間的突然振盪，例如快樂與痛苦，或截然不同的想法或情緒轉變。[15]在《創造之行動》（*The Act of Creation*）中，阿瑟．庫斯勒（Arthur Koestler）認為，這類幽默是由於互不相容的參照框架產生衝突，[16]約翰．摩雷爾（John Morreall）則認為幽默是在感官感受、概念、認知、情緒的倏然變換中產生。[17]在《怪異當道》（*The Odd One In*）裡，雅蘭卡．祖潘奇克發現喜劇的重要根源，是不同版本的世界拒絕並存，使我們必須在對世界的互斥詮釋之間見風轉舵。根據她的觀點，人類的處境中存在某些裂隙、謎團與矛盾，笑正是由此而生，強納森．史威夫特的想法也和她相仿。至於史威夫特的

14 Robert L. Latta, *The Basic Humor Process* (Berlin and New York, NY, 1999), pp. 39–40.
15 J. Y. T. Greig, *The Psychology of Laughter and Comedy* (New York, NY, 1923), pp. 23–7.
16 Arthur Koestler, *The Act of Creation* (London, 1965), p. 45.
17 John Morreall, *Taking Humor Seriously* (Albany, NY, 1983), chapter 5.

同事亞歷山大・波普（Alexander Pope）則寫道：人性由榮耀、笑料與謎團組成，而且正因它是如此莫名其妙，才會這麼好笑。

不協調讓人發笑的歷史十分悠久。在〈創世紀〉（Book of Genesis）中，上帝告訴亞伯拉罕（Abraham）：雖然他年事已高，但他會得到一個兒子，亞伯拉罕伏地而笑。他兒子的名字以撒（Isaac），意思就是「笑著的人」，彷彿這個孩子被自己幾乎不可能的存在逗得發笑。亞伯拉罕較年長的妻子撒拉（Sarah）同樣也被自己年老得孕的可能性逗樂。不過，即使有莊嚴的《聖經》背書，不協調論仍非無懈可擊。不少思想家都曾指出：並非所有不協調都具有笑點，維多利亞時期的作家亞歷山大・貝恩就是其中之一。貝恩舉的例子是五月飄雪，以及更帶喜劇效果的「普羅大眾親自執行法律」，對他來說，這是沒有理由發笑的情境。[18]麥可・克拉克（Michael Clark）試圖解決這個問題，他主張：我們會覺得某些不協調好笑，是因為這些對象本身有趣，而非受到什麼隱藏目的影響。[19]比

18 Alexander Bain, *The Emotions and the Will* (London, 1875), pp. 282–3.

19 Michael Clark, 'Humor and Incongruity'，收錄在 John Morreall (ed.), *The Philosophy of Laughter and Humor* (New York, NY, 1987).

方說，超現實主義並不好笑，因為這種概念的目的是使人不安，而不僅僅是展現荒謬。不過，也許我們還是可以認為五月飄雪本身就是目的，不管有什麼意義，總之不會轉變成幽默素材。（無論如何，遺憾的是，基於許多生態學上的原因，比起拜恩出版作品的一八七五年，五月飄雪在現代已經沒那麼怪異了。在某個時空顯得不協調的事物，放到另一個時空未必一樣突兀。）克拉克認為：不協調是幽默的必要條件，但不是充分條件，不過這種看法顯然有些問題。應該說，不協調既非充分條件，也非必要條件：它不是必要條件，因為某些形式的幽默和不協調並無顯著關聯；它也不是充分條件，因為並非所有不一致都能喚起笑意。有些不協調使人警覺、厭惡或令人不快，或者純粹就是不好笑。就像你突然長出另一顆頭，恐怕不會讓你的親友發出咯咯笑聲。

這套理論還有另一個問題，那就是不協調這個概念範圍可大可小，只要有心，幾乎就能無所不包。各位讀者可以從下文的討論中判斷，這種概念究竟該說是涵蓋範圍廣泛，還是因為太容易延伸，而失去實際效用。舉個例子：摩西走下西奈山，腋下夾著十誡石板的小故事就帶有趣味性：「我已經讓誡律縮減成十條了，」他大聲向聚集的以色列人宣布，「不過通姦還是算一條！」此處不協調產生的喜劇效果，在於把摩西描寫得像是某種貿易商會的幹事，前去替不滿的會員向神討價還價。不過，和這個例子相較，皇家海軍最近的公告，又是另一種類型的不協調：海軍在一艘新戰艦上，用單人床和獨立單間取代了傳統的上下鋪，然後自豪地宣布：這是唯一一艘所有水兵都在自己床上睡覺的船艦。這條公告一方面宣傳海軍的與時俱進，一方面也成功達到影射軍中流行同性雜交現象的效果。

這種不一致的現象，涉及話語內容與隱含意義之間的落差，像那個諷刺蘇聯的老笑話說的：「資本主義是人剝削人，共產主義則正好相反。」這兩個例子裡，宣言都具有一層官方意義，和一層帶有喜劇性落差的非正規意義。另一個來自前共產世界的黑色幽默也與不協調有關，它把蘇聯和南斯拉夫稍微鬆懈一點的史達林模式做對比：「在蘇聯，黨內幹部開車，人民走路，而在南斯拉夫，人民透過他們所選的黨代表來開車。」

「你不能再繼續自慰了。」一位醫生告訴病患。「為什麼？」病患問。「因為我現在要替你做體檢。」醫生不耐煩地回答。這個笑話也依賴不協調感成立，因為我們突然從一種參照框架（一般意義的自慰）跳到另外一種（在對話當下的情境中自慰）。「為什麼反壟斷調查委員會只有一個？」玩的是文字上明顯的自我矛盾。再舉一個二戰時的小故事為例：一位英國軍官對一位廓爾喀族（Gurkha）的中士提出要求，要他命令帶領的小隊從三百公尺高的軍機上空降。中士和隊員討論了一陣子後，回報軍官說：他們認為這個行動太危險，因此，他們預備從一百五十公尺高處起跳。這個以驍勇善戰聞名的民族竟然怯戰，使軍官十分氣餒，他提醒中士：從一百五十公尺處起跳，降落傘可能會來不及打開。「喔，我們會有降落傘嗎？」中士問。這個故事的不協調感建立在彼此矛盾的假設上，以及廓爾喀族士兵拒絕從一個危險的高度起跳，卻選擇另一個致命高度的詭異乾脆態度。

類似的框架浮動也出現在以下這個故事：一位導遊帶著觀光客參觀莫斯科的藝廊，在一幅名為《列寧在聖彼得堡》（*Lenin in St Petersburg*）的畫前停下腳步。觀光客仔細看那幅畫，發現畫上是莫斯科的臥房裡，列寧的妻子娜傑日達·克魯普斯卡婭（Nadezhda Krupskaya）和中央委員會一個年輕英俊的委員躺在床上。

「那列寧在哪裡？」觀光客茫然發問，導遊回答：「列寧在聖彼得堡。」我們預期畫作的標題是描述畫中景象，這種預期卻突然必須修正，因為我們意識到「列寧在聖彼得堡」指的是畫中場景發生的一個原因，而非場景本身。再以這段簡短的對話為例：

甲：我要去看那部跟鐵達尼號有關的片。

乙：喔，很好看，尤其是最後沉船的那段。

甲（諷刺）：喔，真是謝謝你喔！

這段對話的不協調感很容易理解：怎麼會有人知道《鐵達尼號》這部片的存在，卻連有關這艘船最明顯的史實都不知道？或也許不僅是第一位說話者因為無知產生的憤慨，第二位說話者不慎說出電影情節而陷入的窘境，也讓我們感受到輕微的諷刺快感。丟臉混合了愉悅與痛苦（至少發生在他人身上時是如此）。順帶一提，不熟悉鐵達尼號史實的人不只出現在笑話裡。我有一位朋友曾在貝爾法斯特的鐵達尼號博物館擔任導覽，她就經常遇見滿心困惑的美國人，不明白為什麼要特別為一部電影蓋一座博物館。

意義快速切換、觀點轉變、預期突然受挫，都可能在純粹語言的層面發生，例如：「『公爵今天到得特別慢呢。』公爵夫人說，一邊用沒在動的那隻手攪拌茶」，後半句迫使我們突然重新修正對前半句的理解。同樣的例子還有：「最初的幾天是場『硬』仗，少年去了天體營之後得到這個感想。」「『你覺得要訂新婚套房嗎？』規劃蜜月旅行時，一位年輕男子問他的未婚妻，她回答：『不用了，謝謝，我抓住你的耳朵就可以了。』」[20]「『你讀過馬克思嗎？』『只有坐著的時候。』」[21]是另一個例子。萬聖節慶祝時，有人要桃樂西·帕克（Dorothy Parker），一起玩從水裡咬蘋果（duck for apples）的遊戲，她回答：「只要改一

20 譯注：bridal suite（飯店的新婚套房）與 bridle（轡頭、韁繩），sweet 同音，因此問句可以理解為：「你覺得需要韁繩嗎，親愛的？」

21 譯注：Read Marx（讀馬克思）和 red marks（皮膚上的紅印）同音，因此問句也可以理解成：「你（皮膚上）會起紅印嗎？」

個子音，就會變成我的人生寫照了。」[22]轉變的過程喚起自我意識。這種運作過程如馬克斯．伊斯特曼（Max Eastman）所說：「先給出一個意義，再迅速奪走。」[23]在這些例子裡，不協調感開始結合文字遊戲與語義的曖昧。不過，和反諷一樣，曖昧本身就可以是一種不協調的形式，讓兩種不同意義在異與同的消長中碰撞。

雙關語也屬於此類，是最低層次的喜劇形式，例如：「有個人沉浸在什錦麥片碗裡，一股猛烈的潮流席捲了他。」就連這種微不足道的設計，都能讓心智暫時拋開束縛，如康德的藝術論所說，享受意義巧合、二詞一義或一詞二義的謎團，或概念突然轉換，能帶來一種心智擴充、自由自在的感受。我們從嚴格的認知狀態抽身，擺脫因果邏輯與禁止矛盾的原則，因此得以欣賞荒唐或相互對立的存在。我們不再受到萬物只能成為自己、不能成為其他事物的道理限制，這種束縛的解放就以笑聲的形式呈現。如果自我重視的是一致、認同、單義性，那麼本我

22　譯注：將 d 換成 f，會變成 fuck for apples，意指自己在性方面沒有得到值得的報償。
23　Max Eastman, *The Enjoyment of Laughter* (London, 1937), p. 27.

著迷的則是破碎、無意義、局部、多重、無認同。從自我的角度來看，這些都是不協調或荒謬的事物，自我暫時沾染上這種古怪元素的時刻，笑話就產生了。現實原則的本質，是要讓心智專心把其他可能性排拒在外，而幽默的本質則是讓這些可能性一湧而入。

對預期的破壞，也是一種常見的不協調，有時單靠一個字詞就能達成。例如王爾德所說的：「沒有什麼能比毫無節制更成功。」以及他的抱怨：「我一直很害怕沒有受到誤解。」「現在的年輕人對染了頭髮的人一點都不尊重」也是一句王爾德式的反諷，只用一個修飾詞就翻轉整個句子的意義。佛洛伊德式的意義轉變，則是你說的每句話，到頭來意義都指向母親。十九世紀末的詩人恩尼斯特·道森（Ernest Dowson）曾說苦艾酒能使妓女變得更深情。以酗酒知名的劇作家布蘭登·貝漢（Brendan Behan）則說自己是個有寫作問題的酒鬼。以上這些例子中，一個字詞或一段話的意義，以幽默的方式偏離我們準備好接收的意義。這種語言既說得通又不合理，傳統意義和翻轉的語義對峙，產生無可避免的張力。桃樂西·帕克的笑話：「橫越大西洋的旅程太顛簸，唯一讓我還有胃口的就是大副。」就是一個標準的例子。公共垃圾桶上常見的標語「垃圾（refuse）丟入此桶內」，如果改變 refuse 的重音，語義就會變成「拒絕」丟入此桶內。除了鄭重拒絕被塞進垃圾桶的語氣十分荒謬，我們會笑，也是因為原本帶有輕微威嚇效果的官方公告，突然失去了權威性，顯得有點愚蠢。不協調論與優越論就是如此共同發揮作用。不過，差別和不協調仍不完全相同，後者可能代表某項事物不合適、不相容、脫序，前者則不一定如此。

說到單一字詞帶來的影響，可能會聯想到以下這個故事：有個人走進醫院，要求做去勢手術，醫護人員努力說服他放棄這個反常的願望未果，只好屈服，在漫長的外科手術後，移除了睪丸。病患坐在輪椅上被推回病房，在等待麻醉藥效退去時，他開口問隔壁床的病患要做什麼手術。「包皮環切術。」那個男人回答。「就是這個詞！」剛剛遭到去勢的這位主角大喊，懊悔地用力一拍額頭。這個笑話示範了名實不符是不協調的一種類型，不過雄性物種閱讀這故事，想必會比雌性更不舒服。

亞里斯多德在《修辭學》中說：幽默在違背言語預期時出現；西塞羅在有關

演說術的著作中則說：最常見的笑話，是人的預期和說出口的內容不相符。透過小小的邏輯斷裂，笑聲得以迸發。只要稍微改動標點，就能扭曲原意，製造笑果。「擊球手是霍丁，投手是威利」，英國國家廣播電台的板球播報員曾經這麼脫口而出，完全沒有意識到如果移除逗點，可能產生完全不同的意義。[24]就連語調的不同，都可能使意義突然翻轉，例如有個男人聽說兩個否定連用會變成肯定，但反之則不成立，他心存懷疑地敷衍回答：「對，對。」伍迪．艾倫的幽默也大量使用不協調來推動：

「有個看不見的世界存在，這一點沒有問題。問題在於，從市中心過去要多久，那裡營業到多晚？」

「我不想透過我的作品達到永垂不朽。我想透過住在我的公寓裡達到。」

「不但沒有上帝，週末連水電工都找不到。」

24　譯注：原句為The batsman's Holding, the bowler's Willey，去除逗號再加上兩位球員姓氏的同音異義字，整句可理解為「擊球手握著投手的陰莖」。

「（各各他山上）兩個小偷裡有一個得救，」貝克特在《馬龍之死》（*Malone Dies*）中寫道，「這可是很高的機率。」這句話有種陰沉的喜感，因為他將神學的敘述和會計學的語言結合在一起，使前者的莊嚴性因後者的不敬打了折扣。由此看來，突降反差或揭穿表象也是不協調的一種，把高尚與低劣突兀地組合在一起。不過偏離正軌也可視為不協調的一種，因為違反規範的行動，反倒會使人意識到規範的存在，使我們面對兩者之間的張力。事實上，「幽默」這個字的本意，就是指氣質背離常俗的人。人面對畸形會發笑，不僅僅——甚至可能完全不是——基於優越感，而是出自不協調感。看見怪人露出微笑，是因為對方打破了我們刻板的預期。亨利．柏格森主張這些偏差現象應該予以矯正，而非鼓勵，這種觀點是優越論與不協調論的結合。他認為社會僵固性是無法融入主流常規的表現，可算是一種不協調，而幽默的目的就是予以懲戒。與此相對，柏格森所提出的有機意識形態（organicist ideology），則建構在把分裂與衝突的事物加以融合的基礎上。

偏執是缺乏變通的一種形式。為什麼叔本華始終如一的憂鬱會顯得好笑？不是因為他的世界觀本身有趣，而是因為他無論面對任何狀況都堅持一套理論、拒絕任何妥協或讓步，還刻意把想法套用在最說不通的案例，這在概念上和怪人沒有兩樣，兩者都是頑固拒絕改變，只願意做自己。對健全的現實而言，過度前後一致和絕對的混亂同樣有害。在《項狄傳》中，崔斯創沒有辦法統整自己的經驗，而他父親華特對建立系統有狂熱的堅持，這是兩個正好相反的鏡像。

***

複製和反覆也可以產生不協調感，因為我們預期某些現象是獨一無二的，例如人類，但事實卻非如此，使得期待變得混亂。兩位哭泣祕書的故事就是很好的例子。還有其他例子同樣看似是一、其實有二，例如有個男人去請教知名的音樂學者，某一位作曲家的正確名字究竟是舒伯特（Schubert）還是舒曼（Schumann）。二合一的謎題鬆開了在分辨嚴格區別的身分時，邏輯帶來的微弱壓抑，因而讓我們嘴角失守，精湛模仿帶來的趣味就屬此類。這種時候我們毋須耗費太多心力，但如果面對兩個差異很大的現象，就必須付出注意力。

對柏格森而言，反覆是一種機械化的裝置，十分棘手，它不但沒有創造性的行動，反而盲目重複。某些精神官能症的形式就是如此，其喜劇效果跟偏執所產生的喜感一樣。模仿與擬態之所以好笑，原因之一在於形式的重複，讓實際上不同的兩種事物看起來相同。不過我們也會因為模仿、諧仿、反諷的高超技巧而微笑，這是另外一種樂趣來源。我們體會到完成某種巧妙行為之後暗自得意的感覺，正是這種感受帶來了喜劇效果。此外，熟練的表演也讓我們不用特別費心就能欣賞，生硬的表演則無法做到這點。說到模仿，可能還有一種略帶攻擊性的因素牽涉其中：「看吧，我和你一樣可以成為你，甚至扮得比你更好。其實你也沒這麼特別嘛。」

如果複製帶有某種喜劇（有時甚至是怪異）成分，那麼獨一無二也有。「peculiar（特殊的）」這個字既有特定、特別的意思，也有詭異、古怪、特異之意。我們想把事物歸類的欲望，可能會因為事物具有無法匹配的怪誕之處而受挫，也可能因為事物拒絕被歸類而受阻，這些事物因此像狄更斯筆下那些奇怪的人物一樣，呈現出謎一般的純粹自我。徹底的獨特有種神祕感，甚至使人不安，「humour（幽默）」這個詞原先指稱的就是這種特質，在下文中，我們會談到這種特質在英國文化中的重要角色。Humour 若用作動詞，意思是縱容某人的奇想與怪癖，這或許是令人欽佩的美德，不過人若不是那麼脆弱愚蠢，可能打從一開始就不需要這種寬容。就這層意義而言，縱容貶低了人性，卻也使人性樹立了值得讚賞的典範。

另一種不協調的形式是陌生化，也就是讓常見意義與迂迴意義之間產生張力。愛爾蘭作家弗藍．歐布萊恩的〈老套問答〉（Catechism of Cliché）裡有非常豐富的例子：

> 有哪種日用品便宜又不需配給，但據說價值超過持有者？——鹽。[25]
>
> 人有時會擁有什麼？——不可質疑的權威。[26]

25 譯注：運用片語 worth one's salt（意為稱職）的字面意義。
26 譯注：運用片語 have it on good authority（意為有可靠依據）的字面意義。

瑞士出品的什麼article（論文／物品）不斷發現疑心病、偏執症的患者？——手錶。

（驚訝的語氣）你叫我這樣做的同時自己要做什麼？——我打算就站在旁邊。

所有的事實都必須經過什麼？——考量。

如果你有很多鈔票，要怎麼知道總共有多少？——大肆揮霍之後看看還剩多少可燒。

人可以和什麼樣的人一樣優秀？——別人。[27]

什麼話可以說但等於沒說？——無話可說。

在會議的哪裡秩序一團亂？——會議「上」。

我對他做了什麼和手有關的事？——對他瞭若指掌。[28]

看見國旗飛揚在學院綠地的國會舊址上，哪一種躲藏在暗處的貝類溫度會升

27 譯注：as the next man 意為和任意一個人一樣。

28 譯注：原文的 have someone taped 意思是了解某人的底細。此處將問句改為效果類似的例子。

高？——我心底的那種。[29][30]

自己發明這種問答，也是有趣的團康遊戲：

人必須透過哪兩種完全相反的物質展現韌性？——不辭水火。

針對羅馬主教的宗教派系提出哪個反問，本身就是不證自明的答案？——教宗是天主教徒嗎？

為什麼爸媽會讓孩子很早就上床睡覺？——因為孩子是好累的小泰迪熊。[31]

醉鬼就像哪一種小型齧齒動物的括約肌一樣自制？——老鼠。[32]

---

29 譯注：warm the cockles of my heart 是「打從心底高興」，但 cockle 也有鳥蛤（一種貝類）的意思。

30 參見 Flann O'Brien, *The Best of Myles* (London, 1993), p. 201ff.

31 譯注：一首名叫〈泰迪熊的野餐〉（Teddy Bears' Picnic）的歌裡有以下歌詞：「At six o'clock their Mommies and Daddies will take them home to bed. Because they're tired little Teddy Bears.（到了六點鐘，媽咪和爹地會帶他們回家上床睡覺，因為他們是好累的小泰迪熊。）」

32 譯注：老鼠會隨意大小便，意指醉鬼很難控制自己。

利用長型平底船上哪一種工具，可以避免和對方接觸？——篙。33

為了測試不協調論，我們來看三個真實發生的喜劇情境。我的一位美國朋友是人類學者，他在西愛爾蘭開車，車速過快，被一位警察攔下來。警官充滿壓迫感地貼近車窗，問他：「要是你遇到霧先生（Mr Fog）要怎麼辦？」恍惚間，我朋友還以為他不小心闖進康尼馬拉（Connemara）某個沒人發現過的部落，這裡的人會把天氣擬人化，稱作太陽大人、冰雹太太、雷大哥之類的。他很快拋棄這個假設，認為警官只是想擺出高高在上的態度，所以故意用諷刺的口氣回答：「喔，那我會用腳先生去踩煞車先生。」警官聽了用奇怪的眼神瞪著他，怒聲說：「我剛剛是說雲霧（*mist or fog*）。」

我的另外一位朋友，某個學期到西非一所大學當客座教授，那裡的草地上有幾隻孔雀。過了幾年後，他又回那所學校拜訪幾天，和副校長散步時，突然發現

33　譯注：wouldn't touch sth with a barge pole（不想用篙碰到……）意為不想跟某個東西有任何瓜葛。

草地上沒有孔雀了。「你們把孔雀怎麼了？」他問副校長，接著一時興起，補上一句：「該不會吃掉了吧？」副校長一臉嚴肅的看著他，回答：「皮考克（Peacock）博士和他太太上個月去倫敦了。」

最後是一個與我有關的小故事。我在牛津的一家書店裡逛，注意到一系列「簡易」叢書：《簡易德語》（*German Made Simple*）、《簡易化學》（*Chemistry Made Simple*）等等。我有個朋友是優秀的牛津哲學家，我看見他站在書架旁，翻閱著《簡易哲學》（*Philosophy Made Simple*）。我覺得機不可失，於是偷偷靠近他背後，在他耳邊小聲說：「怎麼樣，對你來說有點難對不對？」他嚇一跳，轉過身來，我第一個想法是：他去整形了嗎？接著才意識到那人根本不是我朋友，完全是個陌生人。我含糊丟下一句抱歉，就慌忙逃離書店。這下世界上恐怕有位先生認為牛津人都是討人厭的菁英分子，會在陌生人試圖增進自己智識的時候公開嘲笑人家。

以上這幾個情境都與不同種類的不協調有關：意義的衝突；警官學小小孩說話的突兀感；到人家的地盤和主人禮貌談天，卻影射對方和他們的同事是食人族的詭異落差；無緣無故嘲笑陌生人的失禮行為等。但在這些例子中，不協調都不是幽默的推動力。釋放論確實更能說明喜劇效果，我們會笑，是因為能夠從傳統這件約束衣中解放自己，盡情沉浸在無禮對待權威人物、或是惡意展現粗魯行徑的快樂中。以上每一個例子裡，都有某種施虐或受虐的元素存在，我們樂於看見他人甚至（在書店的例子裡）自己陷入窘境。看見別人出糗的感覺既滿足又痛苦，一方面是因為這種情景讓脆弱的自我倍增信心，另一方面，前文也解釋過，是因為這種情景讓我們產生共鳴，得以寬容自己的弱點。

值得一提的是，有很多我們覺得好笑的事，借用佛洛伊德的語彙來說，都是多重決定（overdetermined）的，換句話說，就是由眾多因素聚集而成的產物。一個笑話可能結合了不受限的有趣文字遊戲、因天馬行空或意義曖昧產生不合時宜的概念牴觸、從高到等低的突降反差、對不幸受害者的惡意，同時透過笑話本身的精準與簡潔，以及呈現技巧，讓我們獲得審美上的多重樂趣。

許多幽默都與違反規範或偏離正軌有關。不同現象間的界線變得模糊，使我們得以放鬆嚴格分類的本能，所省下的能量就以笑的形式釋放出來。這個準則用來解釋反諷、突降、雙關、文字遊戲、模糊、不協調、偏差、黑色幽默、誤解、破除崇拜、怪誕行為、不合時宜、重複、荒謬、天馬行空、出糗、陌生化、快速轉換、誇飾等幽默手段全都成立。現實原則必須排除互不相容的可能性，才能維持某種程度的秩序與連貫，但這些可能性會在暫時爆發的叛亂中不斷湧現，使整個世界忽然不像幾秒前看起來那樣表裡如一。如果逼得太過，可能造成承載意義的喪失。於是，愉悅就逐漸轉變成痛苦。

在前面提到的喜劇手段中，我把不協調列為一項，不過某種程度上，大部分手段都可以歸到不協調這個大分類底下，這讓我們不禁再次懷疑這個涵蓋廣泛的概念究竟有多少實用性。不協調論的另一個問題，在於這套理論偏向描述而非解釋，只說了我們在笑什麼，沒說我們為何而笑。因此，我們需要把不協調論和釋放論結合起來，因為後者很明顯是解釋性的理論。先前提過，有些理論家把優越論和不協調論結合，或把優越論和釋放論結合。不過，釋放論和不協調論結合，或許才是效果最好的。說得更清楚一點：幽默通常在秩序井然的意義世界被暫時擾亂、放鬆對現實原則的掌控時產生。彷彿自我暫時放掉了對一致、連貫、協調、邏輯、線性發展、明確指稱的堅持，不再把不想要的意義和無意識聯想排拒在外，我們因而能夠沉浸在有趣的多元意義中，並以微笑或笑聲來釋放不遵守現實原則所省下來的精神能量。值得注意的是，佛洛伊德這位釋放論的主要提倡者，並沒有建立起這種連結。在他有關笑話的著作中，關注的是我們壓抑淫猥與攻擊性所花費的精神能量，而不是大多數情況下，為了維持輪廓明確、前後連貫的現實感，而產生的無意識勞動。

喜劇小說的巔峰之作，勞倫斯．斯特恩的《項狄傳》，用大膽手法描繪出現實原則的瓦解。崔斯創的敘事無法維持統一與連貫性，不單單是因為無意識帶有破壞性的入侵，以及主角不想留下任何紀錄的需求。他的敘事在擁有無限潛力的文本裡擺盪，在一個又一個精心設計的離題間穿梭，從一個時間軸快速移動到另一個，被過量的意義淹沒，無法只描述一件事，必須同時描述六到七件。主人公越想忠實記錄自己的生命史，越覺得有義務呈現給我們海量的資訊，因而漸漸壓垮了小說本身。一種陳述產生出另一種、然後又一種，直到最後，敘事陷入僵局，走向崩解。喜劇現實主義的真面目是言辭上的矛盾，畢竟現實主義必須壓抑，未說出口的和說出來的內容一樣多，而這種排他性，和喜劇擁抱一切的精神正好相反。崔斯創看似因為個性纖細，不願意透過塑造與編輯自己的故事來欺騙讀者，實際上卻成功以幾乎毫無掩飾的殘酷，讓讀者徹底陷入困惑之中。現實原則災難性的崩壞，如果推展得夠遠，最終會導致瘋狂，而這正是典型的喜劇。

十九世紀初的文學評論家威廉・赫茲利特（William Hazlitt）有一篇觀點銳利的文章〈論風趣與幽默〉（On Wit and Humour），已經把釋放論和不協調論連結起來。他說：「心靈習慣施加壓力，預期事物存在既定秩序，根據特定規律與關注比重連貫發生。」以及：「滑稽或喜劇是無預警地放鬆這種壓力，使其降到低於一般強度，觀念的秩序因此驟變，在心靈未察覺時入侵，瓦解心靈的防範，使其因為新鮮的愉悅感而驚奇，沒有時間和意願去進行痛苦的反思。」[34]

實際上，赫茲利特這套解除心靈壓抑的論點，年代早於佛洛伊德。他強調：幽默的本質在於「不協調、想法之間彼此沒有連結，或是兩種矛盾感受之間的拉

34 William Hazlitt, *Lectures on the English Comic Writers* (London and New York, NY, 1963), p. 7.

扯」[35]，這種突然的衝擊或錯亂，會讓心智產生痙攣或中斷，並以笑這種身體的抽搐表現出來。這是一種反身心二元論的喜劇概念，主張心智和身體的關係密不可分。「心智一直被導向特定的結論，」赫茲利特說：

而結果卻讓我們環環相扣的連續思考出現瞬間中斷，想像力的緊繃與放鬆交替。想像的對象也以更生動、更不安定的狀態衝擊心智，並趁著心智有時間重整秩序之前，製造出鬆緊交替，或是肌肉與神經系統的不規律抽搐，使得身體發笑。感官知覺的不連續，讓認知框架也產生相應的矛盾和不一致。[36]

前文提過，對康德來說，發笑的過程也差不多。赫茲利特還指出幽默具有叛逆元素，禁止發笑反而會引起笑意。正因如此，「我們很難在佈道、喪禮、婚禮

35 Ibid., p. 9.
36 Ibid., p. 7.

時保持嚴肅」[37]。一如精神分析學的觀察，規範不只壓抑欲望，也會激發欲望，誘使我們去違反，如此一來，規範就能懲罰我們的脫序。

但若以赫茲利特的觀點，我們不應明確鼓勵從混亂中獲得愉悅。「對眼前所見感覺不協調，」他提出警告，「不代表理解力強或感知敏銳，反而是心智與性情散漫輕率的表現，讓人無法將任何兩種概念安定、連貫地組織在一起。」[38]高雅的風趣是一回事，但輕浮完全是另一回事。在下一章中，我們會看到喜劇持續面臨一個問題，那就是在容許範圍內的興致做到什麼程度時，會升級成言語或概念上的叛亂狀態。

不管不協調論多麼好用，都無法讓我們更進一步，解釋為什麼有些突兀的東西使我們發笑，有些卻不會。哲學家所謂的範疇錯誤（比方說，把靈魂想成看不見的身體器官）就是一種不協調，但這很少引人發笑。我們也還是無法解釋，為什麼有些顯然頗為一致的言語和情境仍然很好笑。更有些笑話涉及不協調，但主

37 Ibid., p. 10.
38 Ibid., p. 27.

要是透過侮辱來產生原始的愉悅感，例如記者克里斯多福．希鈞斯（Christopher Hitchens）曾說：小布希的眼距實在太近，他只要戴單片鏡就行了，不必戴一般眼鏡。總而言之，幽默的祕密尚未完全解開，學術產業對此投入的大量研究，今後也會延續下去。

4 幽默與歷史

統治上古與中古歐洲的菁英階級，對於幽默的容忍度並不高。從一開始，笑就是一種階級事務，在文明的興致和粗俗大笑之間，存在明確的分野。亞里斯多德在《尼各馬可倫理學》（*Nicomachean Ethics*）中堅持，有教養的幽默和低劣的幽默之間有差別。他賦予風趣崇高的地位，與友誼與誠實並列，是為三大社會美德，不過他所說的風趣需要培養與教育，對反諷的使用也是。柏拉圖的《理想國》嚴厲反對公民嘲笑他人，也樂於拋棄喜劇，留給奴隸與外邦人去欣賞。嘲笑可能對社會具有破壞力，濫用時有導致分裂的危險。國家衛士（the Guardian class）被嚴格禁止發笑，描繪神祇或英雄在笑的畫像也不可以。聖保羅（St Paul）在《以弗所書》（*Epistle to the Ephesians*）中禁止「*eutrapelia*」，也就是開玩笑。[1]不過，保羅所設想的，很可能是那種下流的插科打諢，而非亞里斯多德所肯定的高雅美德。

巴赫金說：「在中世紀，笑一直被排除在所有官方意識形態，以及檯面上被嚴格規範的一切社會關係之外。笑從宗教崇拜、封建與城邦儀典、禮節，以及任何崇高思考中被抹除。」[2]我們所知最早禁止嬉笑的修道院守則，是《聖本篤院規》（*Rule of St Benedict*），告誡修道者不應激起笑意，聖高隆邦（St Columbanus）也對這種無禮行為施以禁食的懲罰。中世紀教會對喜劇的恐懼，在安伯托．艾可（Umberto Eco）的小說《玫瑰的名字》（*The Name of the Rose*）裡，引發了謀殺與混亂。聖多瑪斯（Aquinas）在《神學大全》（*Summa Theologiae*）中，面對這件事的態度算是比較輕鬆：他建議我們把幽默作為具有治療效果的文字或行為遊戲，目的純粹是尋求靈魂的愉悅。他認為撫慰精神有其必要，甚至將不願與幽默

1 參見 M. A. Screech, *Laughter at the Foot of the Cross* (London, 1997), p. 32.
2 Mikhail Bakhtin, *Rabelais and his World* (Bloomington, IN, 1984), p. 73.

扯上關係視為一種惡。以基督神學而言，笑話產生的快樂沒有明確目的，可對應到神聖的「創造」行為，這種原初的無端行動（*acte gratuit*）為做而做，不受必要性所驅使，也沒有任何預設功用。世界為形成而形成，比起工業產品，毋寧更接近藝術。

教會對幽默的疑慮逐漸超越對輕浮的恐懼。說到底，幽默反映的是可能失去自我掌控能力的恐怖感，特別是在集體層面。根據柏拉圖的觀點，這正是過度的笑可能導致的結果。這種自然產生的身體功能，和嘔吐與排泄等讓人不愉快的宣泄屬於同一個層次。西塞羅為開玩笑制定詳盡規範，也對任何突然爆發的笑保持警惕態度。個人的身體在發笑時解消束縛，這可能是集體暴動的預兆，而中世紀的狂歡，也就是在小說與幻想中出現的偶發性社會革命，和喜劇式的混亂只有一線之隔，更使得這種焦慮其來有自。庶民的身體不斷面臨崩解危機，與秉持紀律、精心打扮、妥善管理、注重衛生保健的貴族身體形成對比。笑也帶有危險的民主特質，畢竟不像吹奏低音號或施行開腦手術這種事，笑是人人都辦得到的，它不需要具備特定知識、特殊血統，或者精心培養的技能。

喜劇對統治權形成威脅，不僅僅是因為無政府傾向，也是因為它對痛苦或死亡這類重大事件擺出滿不在乎的態度，從而削減了統治階層的司法制裁威力。喜劇能營造出一種天不怕地不怕的無所謂態度，大幅減弱當權者的掌控力。狂歡式的喜劇還能產生虛幻的不死感受，消除維持社會秩序時必要的脆弱性。就連《愚人頌》（*In Praise of Folly*）的作者伊拉斯謨（Erasmus）也寫過一部針對學童教育的專著，在書中警告了笑的危險。作者告誡學童在放屁時要用力繃緊屁股，避免發出太大的聲響，或者用時機精準的咳嗽來掩蓋這種不得體的聲音。

劇作家威廉．康格里夫（William Congreve）在〈論喜劇中的幽默〉（An Essay Concerning Humour in Comedy）裡，抱怨某些喜劇場景會迫使他產生對自己本性的丟臉感受。他表示：自己不可能一直盯著猴子看，而不感到深受羞辱。戲謔模仿、模擬、反常，都讓人意識到自己恪遵的規範事實上有多麼脆弱。基於類似的想法，約瑟夫．艾迪生在《旁觀者》的一篇文章裡寫道：笑是愚人的女兒，她嫁給了胡鬧的兒子瘋狂，而胡鬧的母親則是虛假。對樂於一笑的人而言，這套族譜恐怕有點掃興。十八世紀的批評家約翰．丹尼斯（John Dennis）認為幽默多半存在奴僕階層，既然幽默關乎身體而非心靈，就更可能在未受教育的人群中發揚光大，因為這些人的理性未曾受到陶冶，不懂得壓抑自己的動物本能。在〈暢笑喜劇與情感喜劇之比較〉（A Comparison between Laughing and Sentimental Comedy）這篇文章中，奧利弗・戈德史密斯（Oliver Goldsmith）同樣把喜劇連結到基層與低賤。這種反對幽默的偏見被看似最不可能的雪萊（Shelley）繼承，據說他在談話時曾表示：除非笑被抑止，否則人類無法獲得完整的新生。[3]就連激進的自由主義者都對幽默不以為然，可真是前路艱辛。

十八世紀的哲學家大衛・哈特利（David Hartley）果斷拒絕「低劣的相似、暗示、對比、巧合出現在重大且嚴肅的主題中，使思慮輕率的人大笑，並減弱神聖事物的威望。」[4]他說：過量的風趣與歡笑，會讓心智無法感知事物原貌，因而挫敗對真理的追尋。依據類似脈絡，維多利亞時期小說家喬治・梅瑞狄斯也特

3 參見 John Morreall (ed.), *The Philosophy of Laughter and Humor* (New York, NY, 1987), p. 228.
4 David Hartley, 'Of Wit and Humour', quoted in ibid., p. 43.

別指出幽默應是「心靈的豐富，而非喧鬧的暴行」[5]，並且想把優雅的笑和那種「在酒瓶之子的神聖保護下盡情喧鬧」[6]的「粗俗」喜劇區分開來。喜劇多半低劣、滑稽，而文學則優雅高尚，那麼，喜劇文學這個詞是矛盾的嗎？喜劇擁有理論也是一種矛盾嗎？梅瑞狄斯告訴我們：教養程度可以透過「笑的口氣」來衡量，這項主張又把我們帶回這本書的開頭：賣魚婦的笑是咯咯尖笑，政治家的笑則是低聲輕笑。

梅瑞狄斯雖然有點吹毛求疵，但他也是在二十世紀前極少數討論到性別的幽默理論家。他說：許多喜劇都化解了不同性別之間的戰爭，並且抬升女性的角色，從「漂亮無腦」搖身變為令人激賞的風趣。他認為東方缺乏喜劇，是因為那裡的女性地位低下。如果女人沒有自由，他說，喜劇就必然缺席。缺乏性別平等，就不存在真正的文明，而「在不可能產生文明的地方，不會有喜劇」[7]。在缺乏

5 George Meredith, *An Essay on Comedy* (New York, NY, and London, 1972), p. 141.
6 Ibid., p. 78.
7 Ibid., p. 118.

這種禮節的狀態下，喜劇精神「轉向下流的陰溝去滿足渴望」[8]。在女人被貶低為家務幫傭的地方，喜劇的形式傾向原始；在女人能夠獨立但無法接受教養的地方，會出現通俗劇；相對地，在性別平等成功實踐的地方，喜劇的藝術則能蓬勃發展。

近代早期對喜劇的抗拒主要是源於清教徒主義。[9]不過湯馬斯．霍布斯那種陰沉的幽默論對幽默的敵意，也許和其對戲劇與大眾慶典的嚴厲排斥相同。霍布斯假說形成的背景是內戰時期的暴力、敵對、黨派對立，以及十七世紀開始出現的佔有式個人主義準則。當時的觀點將人人都視為討厭的反社會動物，主要受到權力、欲望、個人主義、個人利益驅動，陷入激烈的相互競爭，就連看似無害的歡樂與笑也被捲入其中。

這種灰暗的觀點帶起了十八世紀初托利黨（Tory）保守派那種刻薄又惡毒的諷刺文學（satire），以及波普、史威夫特和他們保守的同事那些嘲笑、羞辱、誇

8 Ibid., p. 116.

9 參見 Leah S. Marcuse, *The Politics of Mirth* (Chicago, IL, and London, 1986).

張傲慢或粗暴貶損的欲望。不過這個時期感受性的關鍵轉變，卻背離這種帶有毒的諷刺，轉向一種更真摯的世界觀。在俱樂部與咖啡屋裡流行起來的新思潮，決心拋下上個世紀的政治衝突與意識形態仇恨，愛好和平、親切，帶有樂天精神，也形塑出這一代的英國紳士。我們見證了罕見的現象：幽默（至少是友好的幽默）移動到接近主流意識形態的中心位置。開朗與好人緣從陰鬱的清教徒主義手中奪權。對一本正經的厭惡，確實可說是英國上流階級的特色，一路延續到王爾德的時代，當時所謂「being earnest」（可以作為「同性戀」的暗喻），已經擁有比一般所謂的「正經」更豐富的意涵。對十八世紀出入俱樂部的上流人士來說，開玩笑和打趣隱然帶有政治意味，原因之一就是這些宴飲享樂的擁護者想要擊敗的對象，是沉默的狂熱分子和宗教偏執者。說得誇張一點，友好的幽默可以是一種對革命的反擊。

對沙夫茨伯里伯爵而言，實踐喜劇精神就是表現得大方、自然、靈活、寬容，而不是頑固與狂熱。幽默是減輕「迷信與陰鬱妄想」的絕佳手段。[10] 諷刺文學有

10 Anthony Earl of Shaftesbury, *Characteristics of Men, Manners, Opinions, Times Etc* (Bristol, 1995), vol. 1, p. 65.

粗野好鬥的特質，是更挑釁、競爭更激烈的舊世界遺留下來的文化渣滓，如今則受友好的幽默與和平精神調和，這種新精神是因為仕紳階級深信自己擁有不會耗盡的善良而產生。善能吸引人而非譴責人，能給予寬容而非強迫灌輸。如歷史學家基斯．湯瑪斯（Keith Thomas）所說，在十八世紀初期，「幽默變得友善，而且……人的怪異特質並非脫序，不需要受到諷刺攻擊，而是可以欣賞與喜愛的可愛怪癖。」[11]黑格爾在《藝術哲學》中寫道：在現代喜劇中，不完美和脫離常規是一種娛樂，而非鄙夷的對象。相反地，對十八世紀的托利黨諷刺作家而言，尋常人性所引發的脫序是種反常現象，具有潛在危險性，需要嚴加斥責，導回正軌，當然，這並不代表這種脫序不能同時成為娛樂對象。在班．強生的作品裡就可以看見這種雙重視角。反之，對較不挑剔的文學藝術而言，怪異能帶來充滿親切感的樂趣，例如《旁觀者》的羅傑．德科瓦利爵士（Sir Roger de Coverley）、菲爾丁筆下的帕爾森．亞當斯（Parson Adams），或斯特恩筆下的老好人托比叔叔

11 Keith Thomas, 'The Place of Laughter in Tudor and Stuart England', *Times Literary Supplement* (21 January 1977), p. 81.

（Uncle Toby）。康格里夫定義幽默為「一種做事或說話的奇異方式，本人無法擺脫，而且只有這人自己會覺得毫不怪異。這種特質使人的話語和行動與其他人有所區隔。」[12]

「本人無法擺脫」這一點值得畫底線強調。從這層意義上說，幽默是決定論的一種形式。既然它屬於個性的一部分，是天生具備而非後天選擇，那麼因為某個人的怪異之處斥責對方，似乎也就沒什麼邏輯可言。不過，這裡說的「人」，恐怕主要是指男人，因為康格里夫認為幽默主要是限於男性，且當然，是英國的男性。女人由於天性冷淡，容易缺乏此一特質。無論如何，重點在於喜感現在幾乎等同於有個性，實際上越來越難與個性本身區分開來。如果幽默的定義，是某個人格具有某種難以模仿的特色，那麼，所有個體都可說是幽默的，只不過有些人程度更甚，也就是比別人更怪異、更反常、更乖戾。也因為重視個人，英國特別縱容這種怪癖（「世界之大無奇不有」、「如果所有人想法都相同，世界就太

12 引用自 Paul Lauter (ed.), *Theories of Comedy* (New York, NY, 1964), p. 211.

荒謬了」）的趨勢開始急速成長。

當然，此處所說的幽默，是精緻、仕紳化的版本，不是那種酒吧裡的老笑話。由此看來，十八世紀作家對捧腹大笑的不以為然，程度恐怕不亞於他們的清教徒前輩。蔡斯菲爾德伯爵（Lord Chesterfield）在一封信中告誡兒子：永遠不要讓人聽見你在笑。據說史威夫特和伏爾泰（Voltaire）也不欣賞這種沒教養的舉動。（相反地，塞繆爾．詹森則以笑口常開聞名。）真正的風趣會引起微笑，而非粗啞的笑聲，藉此表明心靈凌駕於低賤的感官之上。幽默屬於身體，而風趣則是靈魂擁有的能力。散文家約瑟夫．艾迪生和理查．斯蒂爾（Richard Steele）推崇一種適度、禮貌的歡笑，雖然就其他層面而言，適度實在不是斯蒂爾的強項。基於對粗魯滑稽的恐懼，幽默被徹底消毒，並加以仕紳化。

對好人緣的推崇，在英國國內的凱爾特地區（Gaelic fringes）發展蓬勃，在這些地方，社會關係較少成為佔有式個人主義的教義重點，而自治的觀念仍然盛行。和都市中心比較起來，在蘇格蘭高地或西愛爾蘭不利生存的條件下，人與人的關係較缺少理性、官僚化、商業化、匿名管理的特質。蓋爾人在刻板印象中也許吵鬧粗俗，不過也是善於社交的典型。奧利弗・戈德史密斯這位來自愛爾蘭中部的作家，就曾完美描述這種誇張形象：

> 他有熱情大方的心、坦率單純的內在，能快速從最粗俗的幽默過渡到最溫情的感傷，天生充滿活潑的精力，能挺過所有深刻的苦痛。這些特質怎麼能夠和愛爾蘭的土壤分隔開來呢？他們成長的這片土地，直覺依然比反思與良知更佔優勢，未經思索的善良被當作深思熟慮的美德，生命最沉重的責任也許能靠社交的愉悅克服，但也可能使人在瘋狂的刺激中沉淪。[13]

有趣的是，恭維在這段話中逐漸變得尖酸刻薄，一開始是充滿愛惜的讚美，收尾卻是連串責備，心懷憤恨，刻畫出一位蓋爾人，其眼神閃亮，嘴角微笑，不過握著啤酒杯的那隻手卻有點用力過猛。在都柏林出生的理查・斯蒂爾雖然是英

---

13 John Forster, *The Life and Times of Oliver Goldsmith* (London, 1854), vol. 2, p. 338.

格蘭裔，但據說也具有符合刻板印象的愛爾蘭特質：活潑、有幽默感、令人開心，同時也和他的同胞戈德史密斯一樣，覺得英格蘭人有點壞脾氣又不好相處。不過，兩位作家也都表示：這些人冷酷的外表下，藏有一顆有血有肉的心。斯蒂爾非常寬容地說：一般英格蘭公民是用粗暴氣質和冷淡行為，掩蓋悲憫的同情心和女人般的柔情；戈德史密斯也相信他逐漸當成同胞接納的這群人，雖然看似心地不善，卻擁有能同理每一種苦難的心腸。

格拉迪斯・布萊森（Gladys Bryson）指出：有些蘇格蘭啟蒙時期理論家會拿一種由親屬關係與習俗建立而成的社會秩序，與另一種更冷淡的社會關係作對比，且通常偏好前者。[14]另一位評論者也觀察到：「蘇格蘭所定義的感性，關鍵在於社交能力，而非個人主義。」[15]社會並不像霍布斯或洛克（Locke）的定義，是一種契約關係，而是家庭單位的延伸，因此對於人類來說也很自然。在越來越

14 Gladys Bryson, *Man and Society: The Scottish Inquiry of the Eighteenth Century* (Princeton, NJ, 1945), pp. 146–7 與 172。關於對十八世紀蘇格蘭的精采說明，也可參見 Peter Womack, *Improvement and Romance* (London, 1989)。這段討論一部分是接續我在 *Crazy John and the Bishop* (Cork, 1998), chapter 3 中援引的材料。

15 John Dwyer, *Virtuous Discourse: Sensibility and Community in Late Eighteenth-Century Scotland* (Edinburgh, 1987), p. 39.

趨向自私的社會秩序下，維持社群概念與道德經濟的需求，啟發了某些身在英格蘭北部邊境的思想家，使他們讚頌合作的美德。蘇格蘭哲學家亞當・福格森（Adam Ferguson）沮喪地將部落或氏族為基礎的文化，與現在商業社會中「疏離孤獨的個人」相較，他認為：在後者的情境下，惡意、嫉妒、競爭會割裂人們的情感連結。儘管如此，他還是秉持著反霍布斯的精神，願意相信「愛與同情心是人類胸臆中最有力的信念」[16]。他的同事亞當・斯密（Adam Smith）被我們這個時代曲解為鐵石心腸的自由市場提倡者，但其實他也認為商業精神會使人衰頹，並和福格森一樣，支持布萊森所謂的「情感倫理」[17]。斯密非常熱衷於對同情或同理的想像，因此對他來說，精神層次的交流和商業層次的交換同樣重要。同理他人，就是把自己放在對方的位置上。我們可以像以物易物一樣，把自己和同胞交換。在十八世紀的「有情人」（Man of Feeling）思潮下，這種對他人苦難或快樂的共鳴，逐漸演變成近乎病態的感性崇拜。

16 Adam Ferguson, *An Essay on the History of Civil Society* (Dublin, 1767), p. 53.

17 Bryson, *Man and Society*, p. 27.

因此，一種讚頌親切、悲憫、團結等美德的哲學，從還帶有一點前現代風格的地區悄悄滲入大都會。在那兒，多愁善感的力量、傳統的權威、私人關係所扮演的社會角色，與經濟個人主義，以及法律凌駕習俗的社會展開了垂死對抗。資本主義社會秩序面臨的問題，在於精密計算的合理性，可能排擠掉用來支持並複製自身社會關係的共同感受，而從邊陲的蓋爾地區謹慎引入這種經過適當修飾、教化的多愁善感，就能達到對抗的目的。如果政治地位淪為一紙功利主義的合約，個人被當作只因自我而行動的孤獨原子，對於共通感性與堅實價值框架的需求也就更為迫切，這種需求在競爭激烈的個人主義中可以獲得放任，而不造成破壞的危險。多愁善感、和藹可親、風趣幽默，都能替商業的巨輪添上潤滑油。十八世紀的小說家亨利・布魯克（Henry Brooke）寫過一部非常冗長枯燥的小說，名叫《素質之愚》（*The Fool of Quality*），裡面寫到商人如何「把最偏遠的地區帶到隔鄰，進行交流……並交織成一個大家庭，把所有人的親屬關係與同胞之情織入同一面大網。」[18]反之，在更激進的圈子裡，對同理心的崇拜可能會打著溫和派的利己式社會存在這種名號，讓整個計畫產生脫軌的危險。

根據布魯克樂觀的看法，人與人之間商業關係的擴散，會加深彼此之間的同理心，並因此讓商業貿易的渠道更流暢有效率。商業往來培養出禮貌、鞏固社會關係，並透過對傲慢的布爾喬亞階級灌輸貴族風度，磨平他們的銳角。貿易的擴張與同胞情的拓展相互拉抬。孟德斯鳩（Montesquieu）的作品《論法的精神》（*De l'esprit des lois*）就奠基於這種和善商業（*le doux commerce*）哲學，對於金錢交換的文明力量深具信心。貿易往來讓人變得更加溫順合群，而且既然這種財富能夠擴散，且容易改變，獨裁政權就較難將之收歸國有或加以控制。蘇格蘭哲學家約翰．米拉（John Millar）甚至把無產階級也拉進這種共同福祉的範疇之中，他主張：勞工透過同樣的雇傭關係和規律交流聚集在一起，「就有能力迅速交流彼此的感

18 Henry Brooke, 引用自 Thomas Bartlett, *The Fall and Rise of the Irish Nation* (Dublin, 1992), p. 54. 想更了解這種所謂商業人文主義的意識形態，可參見 J. G. A. Pocock, *Virtue, Commerce and History* (Cambridge, 1985).

受與激情」，而庶民團結的基礎也就此奠定。[19]社會藉由某種愉悅的、出於本能的合作來推動，而共享一個笑話，就是這種共同性的重要隱喻。

和平、禮貌、風趣幽默、善於交際，如今被視為繁榮的基石。榮譽、傲慢、軍事榮耀這些舊式貴族價值，必須讓位給溫順、客氣、家庭和睦、社會情感這些中產階級的美德。一位評論家曾說：這是「英雄時代的終結，感性時代的開始。」[20]在蘇格蘭最偉大哲學家的作品中，感性是所有道德評判的根源。根據休謨（David Hume）的觀點，真實的事物和想像的事物，差別只在情感的濃烈程度。憐憫、同情、愛好和平，這些原本主要由女性守護的價值，現在必須從家庭內轉移到公共領域。愛爾蘭哲學家埃德蒙・伯克（Edmund Burke）是這項規劃的重要發聲者。多愁善感與熱誠、溫柔與愛護妻子，這些特質面臨新的轉折。感性成為一種身體的修辭，是臉紅、落淚、昏厥、悸動的符號學。

理查・斯蒂爾辦的雜誌《塔特勒》（*The Tatler*）是形塑這種新式禮貌崇拜的

---

19 引用自 Albert O. Hirschman, *The Passions and the Interests* (Princeton, NJ, 1977), p. 90.

20 Katie Trumpener, *Bardic Nationalism* (Princeton, NJ, 1997), p. 76.

強勢力量，他寫給妻子的信裡也充滿無懈可擊的殷勤迷戀，稱她是「可愛的生物」、「親愛的主人」、「世界上最珍貴的存在」，在其中一封信裡還署名為「你最深情、溫柔、體貼的丈夫兼愛人」。這些隨手寫就的隻字片語，充滿關於神、真理與愛情的漫談，有時會和茶葉或者一隻小天竺鼠一起送到。在一封通知妻子他要和哈利法克斯伯爵一起用餐的信中，他還補上一句「因為你，我都提不起精神了」。[21]「我一直有個野心，就是要讓『妻子』這個詞徹底變成最令人開心愉快的稱呼」，斯蒂爾在《旁觀者》第四十版裡興致勃勃地這麼說。新品種的男士風度逐漸成形，其反對不當的幽默和貴族式的放蕩，忠於真理、溫順、簡樸、良好判斷、拒絕暴力、寬容精神、夫妻真情等等美德。同理的想像力，也就是能快速體會他人感受的直覺，正是這種女性化感受力的一部分。斯蒂爾在《基督英雄》（*The Christian Hero*）中說：神賦予我們一項共通的本質，「透過自然社會，推動我們更親近地結合起來……透過某種神祕的魔力，我們與不幸的人同哭，和開

21 斯蒂爾寫給妻子的信可參見 Rae Blanchard (ed.), *The Correspondence of Richard Steele* (Oxford, 1941), pp. 208–79.

心的人同笑。因為人心沒辦法排斥任何屬於人的事物，透過快樂或悲傷的姿態舉止，我們隨著他們面臨的情境一同起伏。」[22]他還說，快樂是「可以交流的」。法蘭西斯・哈奇森同樣認為當我們看見他人的高尚行為，便會自然產生快樂的感覺，就像因惡臭而反胃、因莊嚴的光景而著迷一樣。道德評斷就如同身體反射，快速且即時。

因此，幽默、同理心、興致高昂在整套文化政治中扮演了核心角色。文人共和國的重要任務之一，就是教導粗魯的布爾喬亞階級新的情感模式，藉由灌輸禮儀、客氣、對家庭的情感，來軟化他們頑固的理智。一七八〇年版勞倫斯・斯特恩全集的廣告上就擔保：閱讀這些作品能夠讓社會懷抱仁慈。小說、戲劇、期刊雜誌都參與了這場將社會存在美學化的運動，從反對決鬥的說教，到對商業貿易的歌頌，全都在社會中摻入了某種通達、優雅、具備倫理感性的特質。中產階級應該變得更優雅，而傲慢的貴族則要接受馴化。從神職人員和教育者身上汲取的

22 Richard Steele, *The Christian Hero* (Oxford, 1932), p. 77.

道德哲學，被運用在俱樂部、沙龍及咖啡館裡。新的文化環境不是由輕浮（一種貴族之惡）所定義，而是由容易引發笑聲的輕鬆靈活態度所塑造。

即使如此，幽默能夠輕易在這種文化氛圍中產生，具有比說笑更深層的意義，象徵一個逐漸崛起的社會階層抱持的開朗觀點，他們對自己越來越有信心、越來越自在。這個充滿韌性的新教徒群體，由銀行家、律師、牧師、地主、商人、股票經紀人、代理人、企業家組成，他們感覺歷史站在他們那邊（後來的發展也確實如此），在保有土地與資產的同時，也忙於鞏固自己的文化認同。有帝國勢力、快速擴張的經濟、利益豐厚的殖民貿易支撐的這群新興中產階級發現，與其和仕紳與貴族階級劃清界線、強烈對立，不如和對方達成協議，才是更精明且有利可圖的選擇。他們壓制了舊制度的傲慢，也沒有遇過來自下層的反叛，這種叛亂未來將讓那些工業資本主義的繼承者深感恐懼。幽默、善良、感性主義，以及過度樂觀的自我滿足，是讓他們自我感覺良好的因素。在輝格黨（Whig）有權有勢的沙夫茨伯里，就非常直接地把風趣的盛行和自由貿易連結在一起，他觀察到：「自由和貿易讓〔風趣〕展現真正的高度」，而對貿易的限制則使風趣低落衰退。[23]他認為，喜劇和風趣都具有政治與經濟意涵。這兩者大方、開明、自由的特質，使其可以顛覆獨裁與權威。

霍布斯對笑的思考反映出範圍更廣的世界觀，法蘭西斯·哈奇森機智的回擊也是。哈奇森把霍布斯視為敵手，抱怨現在越來越不可能用「自然產生的情感、善良的本能、常識、禮節、榮譽等舊價值」做為號召。反之，現在一切關乎利己，連「笑本身也變成出於同樣根源的快樂」[24]。哈奇森對於「人類的行動都是出於自利」這種觀點很反感，大力擁護另一種較不冷血的人類行為準則，他寫道：「人會對於自己認為毫無理由又無利可圖的仁慈深感認同。」[25]又說：「只要看見任何出於愛、人性、感激、同情、理解他人之善、同感他人之樂的行動，即使是發生在世界最遙遠的那一頭，我們也會發自內心感到快樂，欣賞這種美好行動，並讚許那位行動的人。」[26]自利的主張永遠沒辦法解釋「人類生命中的重要行動，

23 Shaftesbury, *Characteristics of Men*, p. 45.
24 Francis Hutcheson, *Reflections upon Laughter, and Remarks upon the Fable of the Bees* (Glasgow, 1750), p. 4.
25 Francis Hutcheson, *A Short Introduction to Moral Philosophy* (Glasgow, 1747), p. 18.
26 Francis Hutcheson, *Inquiry Concerning the Original of our Ideas of Virtue or Moral Good* (London, 1726), p. 75.

例如朋友互助、感激、天生的情感、慷慨、公益精神、同理等等」。[27]

在哈奇森面對喜劇的態度背後，隱藏著他對人類本性的樂觀看法，尤其考慮到他身為烏爾斯特長老教會牧師的身分。整體而言，他的寫作全面反對哲學上的利己主義。所謂幸災樂禍的概念，雖然是尼采與杜斯妥也夫斯基等晚近思想家的中心思想，但在哈奇森善良、純真的倫理觀念中卻找不到立足點。他堅信：我們的心智展現出強烈偏好，「朝向普世的善、溫柔、人道、慷慨，並輕視私人利益」。[28]在他的觀點中，美德包括「對歡樂的偏好，讓他人開心所產生的喜悅，對於讓我們的心靈感到如此愉快、純真、和善、輕鬆的人，暗自產生讚許與感激的心情，因為我們能意識到自己沉浸在愉悅的對話裡，並因適度的笑而快活。」[29]來自神之國度的信使，逐漸不再是教會，而是飲食俱樂部。善良與感官愉悅密切交織，仁慈則是一種確實的身體愉悅。人品嘗善舉帶來的歡愉滋味，就

27 Francis Hutcheson, *Illustrations of the Moral Sense* (Cambridge, MA, 1971), p. 106.
28 Hutcheson, *Inquiry*, p. 257.
29 Ibid., pp. 257–8.

像享受一盤肉質鮮美的蝦，不禁咂嘴回味。

由於滿懷自信的新中產階級沉浸在這種歡快的希臘精神中，善良公民和放縱享樂之徒的界線也越來越模糊。哈奇森的同胞勞倫斯．斯特恩出身蒂珀雷里郡（Tipperary），曾說做善事是一種「光榮的欲望」。善的特質是無私、無利可圖、令人滿足、沒有特殊理由，超乎一切出於私利的算計，和美一樣，它的存在本身就是一種獎賞。其種種形式都與市場理性相互矛盾，公然挑戰認為沒有事物能夠只因自身快樂而存在的社會秩序。這種脈絡下的善，是所有清教徒式自我壓抑之敵，而笑就是這種善的外顯標誌。這樣的笑，是語言學家稱為「交際用」的表達方式，表示這個人專注在交流的行動本身，不是因為某件事而笑，而是為了表示自己很高興有他人陪伴，以及表示自己沒有惡意，比方說，自己不打算直白殘酷地批評對方的人格與外貌。而對方同樣以笑回應，欣然接受這種善意，並傳達出相同的訊息。我們樂於討人喜歡，也樂於讓對方知道我們的善意，希望讓他們開心，在接收到對方欣然回應我們的友善幽默，並表現出同樣想討人喜歡的欲望時，這種快樂就會增加。因此，在一段自然發生的過程中，雙方的笑會使彼此更加親近。這種社會潤滑的效果，其實是笑最普遍的功能，比起說笑話常見多了。[30]如同社會學家所說，友好的幽默是最普及的幽默。蘇珊・朗格（Susanne Langer）指出：幽默需要對象，反之，笑可能單純因為欣喜於他人的陪伴而產生。[31]昆德拉在《笑忘書》裡也寫到類似的概念，他說：有一種沒有對象的笑，是在「表達存在的欣喜」。欣賞喜劇的觀眾大笑時，是在回應舞台上發生的情境，但同時也是彼此興高采烈的氣氛，使他們因為這種團結一致的聲響和瞬間的夥伴關係而感到快樂。佛洛伊德式的戲謔就屬於這類喜劇，但它是出於好玩的文字遊戲，而非他所以為的是充滿隱藏動機的笑話。

對哈奇森而言，幽默不是出於傲慢，反而正是從這種高傲態度的內部崩裂所產生，它來自戳破膨脹的威嚴、降低掌權者的地位。幽默代表「普世友誼的強大凝聚力」[32]，因此是對於在神之國度裡永恆歡慶的一種預示。不過，如果幽默象

30 參見 Noël Carroll, *Humour: A Very Short Introduction* (Oxford, 2014), p. 48.
31 Susanne Langer, excerpt from *Feeling and Form*, in Lauter (ed.), *Theories of Comedy*, p. 513.
32 Hutcheson, *Reflections upon Laughter*, p. 37.

徵著一個感官滿足的世界即將來臨，那麼像教會一樣，幽默也成為達成此境界的工具，在原本只有孤獨與疏離的地方製造出和睦。哈奇森說：沒有什麼比好的笑話更能即時達到溝通效果。笑話成為一整套友善社會關係的隱喻，也因此成為深刻的政治表達方式。如果笑話是神聖大愛的俗世版本，那它也同時是一個更友愛的世界之原型。勞倫斯・斯特恩提醒我們：世界喜愛玩笑，而他自己的文學藝術就是催生玩笑的一種媒介；對於像哈奇森這樣的作家而言，這個世界所努力孕育的是一種更具同胞愛的社會秩序。在這個共和國裡，充滿自由平等的公民，俱樂部或餐桌上的歡樂氣氛預告了這種理想的實現。在《項狄傳》第四冊中，斯特恩提到他的野心，是打造「一個人民真心歡笑的國度」。同聲一笑，是共享某種身體與心靈的交流，最接近的類比就是宴會大餐。在身體與心靈合一的狀態中，笑是對笛卡兒二元論的駁斥。這種互惠關係沒有除了自身快樂以外的意義，因此與藝術有某種相似性。這類幽默，是對於工具理性的含蓄批判，單純因為相互聯繫所產生的快樂而存在。

並非所有哈奇森的教區居民都受他這套革新觀點吸引。他所在的教會就有一位成員，因為原本以地獄威嚇為主的每週佈道，被這位牧師充滿自由思想的佈道內容所取代，心生不滿，說他是「愚蠢的傻子」，花一整個小時對他們說什麼善良仁慈的神，卻一字未提讓人安心的舊教義，例如揀選、被棄、原罪與死亡。今日知道哈奇森的人如此之少，實在算是某種失敗。哈奇森是蘇格蘭哲學之父，教導休謨許多知識，也深刻影響康德的早期創作。透過其弟子亞當・斯密，他的經濟思想奠定了現代世界的基礎。他是精力充沛的共和派，為了爭取被壓迫者的權利，採取激進手段推翻了不公義的統治者。他還對湯馬斯・傑弗遜（Thomas Jefferson）有重大影響，因此也是引領美國革命的知識行動者。他的一些想法，後來以聯合愛爾蘭人會革命守則的形式，被重新引進故土愛爾蘭。他捍衛女性、兒童、僕役、奴隸、動物的權利，提倡關係平等的婚姻，譴責父權威勢，以至於在格拉斯哥因異端罪遭到審判，他對非西方文化展現出非常開明的態度。甚至對外星人，他的態度也很正面。

對仁慈的崇拜也面臨質疑。如果幽默象徵一種美好生活，那麼美德就和笑一樣，是不由自主產生的，如此一來，美德有何價值可言？善良若是一種本能，那麼即使我們能夠憑之受到喜愛，也無法因之得到讚美。此外，這種觀點不就把正確的行動貶低為一時興起了嗎？人只在願意的時候才有同情心嗎？就這套理論看來，我們沒辦法控制對他人產生同理與憐憫，就如同沒辦法控制自己把手指從火焰中抽回，或是在視野中看見一隻河馬。「只不過是因為看見受苦的對象，就受到一股同情的本能所宰制的話，」一位評論者尖銳地指出，「這才不是仁慈，只是痛風的突然發作。」[33]讓道德主觀化具有危險性，當時許多傳統的道德主義者都深感憂慮。「〔感傷主義者〕寬厚的想法，」約翰・霍金斯爵士（Sir John Hawkins）語帶譏諷，「取代了所有義務。他們自己就是規則，擁有善良的心、沉浸在人類的善良之中，凌駕了那些以責任感為基準、對人的行為進行約束的考量。」[34]後代的柯勒律治（Samuel Taylor Coleridge）也在《反思的助力》（*Aids to Reflection*）中評論道：斯特恩和他的感傷主義信奉者所導致的傷害，遠超過霍布斯和物質主義學派所造成的惡。戈德史密斯也有同樣的感想，他支持仁慈說，

33 Elizabeth Carter, 引用自 Arthur Hill Cash, *Sterne's Comedy of Moral Sentiments* (Pitsburgh, PA, 1966), p. 55.
34 引用自 Ann Jessie Van Sant, *Eighteenth- Century Sensibility and the Novel* (Cambridge, 1993), p. 6.

但不喜歡感傷主義，他堅持：真正的寬厚是帶有法律效力的道德責任，是理性對我們設下的規則，而不是迎合我們喜好的事物。[35]這段評論和《新約聖經》的觀點吻合，認為所謂神之愛或大愛，實際上和感受沒有什麼關係。對陌生人和敵人的愛才能樹立典範，而非對朋友或家人之愛。總而言之，作為社會意識形態的仁慈並未延續下去。在發展後期，面對工業資本主義與帝國戰爭之痛，歐洲中產階級必得提出一種沒那麼輕鬆自在的人類本質。佛洛伊德關於笑話的著作，就是個很好的例子，和他大部分的作品一樣，他在某種程度上退回了霍布斯對人性的看法。

粗略而言，友好的幽默關乎微笑，而感傷主義則讓微笑混合淚水，因此帶有輕微的自虐特質。透過人類的苦難找到某種可共感的悲傷，就如同十八世紀美學家對崇高的體驗中，帶有一種彷彿自己即將遭到壓垮粉碎的癡迷感受。感傷主義者滿足於自己的感覺，把各種感受像商品一樣用來誇耀。仁慈和同理的想像力是

---

35 Arthur Friedman (ed.), *Collected Works of Oliver Goldsmith* (Oxford, 1966), vol. 1, p. 406.

離心的能力，讓人脫離自我中心，但感傷主義的真面目卻是向心，是只考慮到自己，奢侈揮霍自己的感受力。實際上是一種迂迴的自戀，人是對自己的同理心產生同理。所謂有情人，只是挖出自己的內在的道德感受來作為養分。讓人感到快樂或悲傷的對象，也只不過是催生這些情緒的情境。如約翰·慕藍（John Mullan）所觀察的：在十八世紀，「強烈的特殊情感經驗，取代了一般常見的同情心。」[36]感傷主義製造出對感覺的迷戀，對太過看輕感受的社會秩序矯枉過正。感傷主義者和功利主義者是同一枚硬幣的兩面，就像馬克思認為浪漫主義者和功利主義者是一體兩面一樣。那個年代所謂的「感性」，可以是一種病理，一種神經活動過度旺盛的特徵。在斯特恩的《感傷之旅》（*A Sentimental Journey*）中，約里克（Yorick）想像苦難的畫面，藉此體會同情帶來的激情喜悅。愛爾蘭小說家摩根夫人（Lady Morgan）在她的《回憶錄》（*Memoirs*）中哀嘆自己「身體不適，神經對一切在體內流動的意念感受敏銳，使得整個身體系統格外敏感」[37]，但她

36 John Mullan, *Sentiment and Sociability: The Language of Feeling in the Eighteenth Century* (Oxford, 1988), p. 146.

37 Lady Morgan, *Memoirs* (London, 1862), vol. 1, p. 431.

其實只是在誇耀自己多麼有同情心而已。貧困者與傷殘者是上天賜予的機會，讓人運用自己的慈愛。就像威廉·布萊克（William Blake）說的：同情通常表示災難已經發生過，除了悲嘆之外，你根本無能為力。

這股感傷主義的風潮一直延續到十九世紀。前面說過，在十八世紀的文化中，仁慈和感性是有差別的，像是菲爾丁和斯蒂爾、戈德史密斯和斯特恩之間就有所差異。但狄更斯卻發現很難只取其一。亨利·菲爾丁相信美德是人天生自然，卻也能欣賞人的荒謬面向，秉持著堅定信念，不相信愚蠢和惡行更加普遍，而狄更斯的感性中則缺乏這種道德推動力。不過，他的小說有個正字標記，就是用獨特的手法，混融感性與怪誕這兩種朝相反方向推進的文學模式。如果感傷負責的是憐憫、傷懷、溫柔等等主流情感，怪誕處理的就是奇特、脫序、特異。小說有時會透過純粹善意的古怪行徑，來混合這兩種模式，讓人淚中帶笑。

狄更斯筆下的許多人物都同時具備現代與中世紀定義的兩種幽默特質，一方面使人捧腹大笑，滑稽之中卻又帶著鮮明的個性。這種怪異不只是好笑而已，除了逗人開心之外，也有警示的作用。狄更斯的怪人通常被自己的性格所束縛，難以自控、偏執、病態反覆，他們受自己無法妥協的個性的折磨，能夠自由做自己，卻是自身怪癖的奴隸。有些角色像在街頭劇場演出般大肆表現自己的個性，他們的自我像面具一樣展露於表面；另一種角色的自我則像個謎，深埋在目光無法觸及之處。這種角色之怪異，反而讓他們成為拙劣的演員，無法掩飾自己的真面目，受困於自我，像困在牢籠裡的無期徒刑犯。怪人背離社會常規，行為模式卻像蒸汽引擎的運作一樣容易預測。他們的怪異之處可能很接近危險的瘋狂與殘忍，也可能只是一種嚇人的自我中心態度。在這種各自為政的社會秩序中，每個人佔據自己的固定空間，他們溝通的模式或難以理解、或稀奇古怪，彼此的關聯往往只不過是怪事引發的連鎖反應。相較於走路姿勢、嘴巴扭曲的角度等多變的個人特質，言語是另一種較不明顯的自我揭露。角色抱怨哀嘆、氣憤嘀咕、連珠炮的說話方式、虛偽的花言巧語、冗長的漫談，都是屬於他們的招牌特色。艾迪生和哈奇森所推崇的常識，已經崩解成迷途的個人主義，諷刺的是，如今這也代表了整體社會現況。幾年前，一位牛津大學教授曾經站在一間酒吧的吧檯，肩膀上蹲著一隻鸚鵡，他顯然因為自己打破某種常規洋洋得意，但一方面卻又明顯害怕那隻鳥會拉屎在他的襯衫上。

如果美德不過就是另一種幽默，像《尼古拉斯·尼克貝》（*Nicholas Nickleby*）裡的切爾以布兄弟（Cheeryble brothers）或《馬丁·朱述爾維特》（*Martin Chuzzlewit*）裡的馬克·泰普利（Mark Tapley）那樣呢？善心只不過是一個人的古怪念頭嗎？感傷主義在社會層次上幾乎消失，一路敗退，回歸到家庭場域，家庭現在不再是斯蒂爾和伯克所認為的公眾領域縮影，而是逃避公眾領域的庇護所，在《遠大前程》（*Great Expectations*）中，溫米克（Wemmick）那個位在郊區、由護城河和堡壘守護的家就是一個例子。歡宴的精神保留下來，但多半已經被私人化，匹克威克式的慷慨性格，越來越缺乏社交作用。當我們面臨《荒涼山莊》（*Bleak House*）裡約翰·詹狄士（John Jarndyce）身處的情境，像切爾以布兄弟那種眼神明亮、面容和善的反常博愛態度，已經衰減成更沉默寡言的善良。人的感受從充滿殘酷現實的世界抽離開來，只被感受本身所驅動，好一點會成為自我陶醉，糟糕一點則會成為一種病態。

即使如此，無論人的怪癖有多麼邪惡或使人不安，狄更斯的小說仍然以縱容的態度去看待，這種態度也出現在主流英式喜劇藝術中。可笑（喜感義）之物會有某種可笑（怪異義）之處，是因為異常是不合時宜的。這種善意的縱容具有特殊政治背景。在《論詩與音樂文集》（*Essays on Poetry and Music*）中，詹姆斯．比蒂（James Beattie）主張幽默在個人特質中特別活躍，而且這種性格上的怪異，在自由的國家裡發展得最蓬勃。他認為獨裁會破壞多元性，也因此消滅怪癖。在非獨裁的社會中，人能以各自獨特的方式生活，這種奇特性有益於喜劇出現。不過，如果很多人群居在城鎮裡，討喜的怪癖就會消失，被更單一的生活風格排擠掉。因此，喜劇比起都會，更偏向鄉村，在那裡，人的心靈與世故的社會交際保持疏遠。即使如此，比蒂緊接著也強調「野蠻」很少能引發笑意，風趣只有在像他所處的君主制文明背景下，才能夠出現在社會場景中。這種政體奠基於和平，因此能給予個人足夠的安全感，去追尋個人事業與規律練習幽默。這麼說來，國王與女王是喜劇出現不可缺少的條件。此外，在這樣的社會中，各個階層的人能夠在公共場域中自由雜處，因而孕育出風趣、客套和禮貌。

比蒂理想中的社會秩序，似乎是庶民能夠在鄉下的荒野中，盡情展現自己討喜的怪異之處，而紳士則在大都市的咖啡屋裡一展長才。他批評獨裁政權不利喜劇發展，這項觀點在兩個世紀後，由哈洛德．尼克森（Harold Nicolson）呼應，他在《英式幽默感》（*The English Sense of Humour*）裡告訴我們：「幽默感沒辦法在極權主義社會、無階級社會或正處於革命中的社會裡發展起來。」[38] 要捍衛極端的貧富差距，這的確是有力的論點，畢竟許多文字遊戲和俏皮話可能因此消失，左派支持者都該留心這一點。人要是沒辦法再跟資本主義一起發笑該怎麼辦？尼克森說：他想要從他的思考中排除任何「酸民」、尖刻、諷刺、揭醜的無產階級幽默，但同時又自相矛盾地主張英國人都會因為同一件事發笑，無關社會階級。即使如此，他至少還夠開明，能觀察到「有產階級……非常喜愛倫敦工人階級的幽默，反應熱烈。」[39] 他主張，英式幽默的特色是包容、友善、同情、同理、彬彬有禮、情感豐富、害羞、內向。和英國人自己一樣，這種幽默對聰明人和極端份子都心存懷疑，而最佳的型態是充滿玩心、童趣、自在而無害。看來，

38 Harold Nicolson, *The English Sense of Humour* (London, 1956), p. 31.
39 Ibid., p. 23.

尼克森恐怕不會是莎拉・席佛曼（Sarah Silverman）的忠實粉絲。

對於斯特恩和狄更斯這樣的作家而言，幽默是與殘酷世界拉開距離的一種方法，也是稱頌同胞情誼、因古怪與奇異而開心的方式。斯特恩的項狄莊園（Shandy Hall）死氣沉沉，位在窮鄉僻壤，住滿怪人、瘋子、跛腳的靈媒，這裡充斥著搞砸的工作、性無能、怪異的事故，笑是手邊少數能夠防禦、補償、超越眼前處境的武器。寫作則是另一項武器，即使在這樣荒蕪的情境下仍然能開花結果。如果寫得出如此優異的小說，人類的處境就不像看起來那麼悲慘。用充滿趣味的方式描繪苦難，就是對苦難的克服。狄更斯也同樣運用喜劇活力呈現出人類受苦的場景（例如《尼古拉斯・尼克貝》裡的杜勒博斯莊園〔Dotheboys Hall〕或費金〔Fagin〕那汙穢的老巢），藉此超脫場景本身刻劃出的不幸。不過，如果斯特恩提倡以歡笑作為一整套生活方式，主要還是為了對抗圍繞在他周遭的崩壞景象。馬修・貝維斯則認為笑話的整潔，是為了補償人類有限生命的混亂。[40]

40 Matthew Bevis, *Comedy: A Very Short Introduction* (Oxford, 2013), p. 51.

***

英國人向來鍾愛任性、反傳統的類型，像是狄更斯筆下那些只依自己的法則行事的怪人。這些人誇張呈現了生來自由的英國人形象。會把雪貂塞進褲子或是乘著小犀牛去上班的人，可能也有機會讓白金漢宮授予榮譽。英國人喜愛貴族的原因之一就是：貴族天生叛逆。制定規則的人自己沒有道理受到規則束縛。他們同時具有階級光環和什麼都不在乎的無賴態度。絕對的權力是一種放蕩，因為不用忍受任何束縛。中產階級戰戰兢兢地堅守社會規範時，上流階級透過不受其約束來展現特權。就這一點而言，他們和罪犯有共通之處，罪犯墮落到法律之外，而貴族則比法律更優越。罪犯憎惡警察，紳士階層則看不起警察。伊夫林．沃聲名狼藉的交友圈裡，有一位布萊恩．霍華德（Brian Howard），在深夜供酒的俱樂部裡被逮到，警員問他名字和地址，他著名的回答就是：「我叫布萊恩．霍華德，住在伯克利廣場，至於你，督察先生，八成是從哪個無聊的郊區來的吧。」

因此，高貴和卑賤之間有某種祕密連結，就像李爾王與他的愚人。在鄉野故事中，國王和乞丐這兩種角色很容易對換。地主和盜獵者之間的連結，比他和小資階級獵場看守人的連結更強。沒有什麼可以失去的人，和宰制一切的人同樣危險。法斯塔夫（Falstaff）和托比．巴爾契爵士（Sir Toby Belch）這類角色之所以招人喜歡，就是因為滿不在乎的態度，他們的蠻橫在騎士身分的加乘下更添吸引力。他們能和較低下的階層混在一起，因為對位在金字塔頂端的人來說，階級沒有什麼意義。唯有像馬伏里奧這樣的中下階級，會用嫉妒之眼狠瞪社會差異。巴爾契宣告「我不會拿我以外的標準來限制自己」時，表達的是一種英式自由意志，那些為了兩畝地斤斤計較，阻礙政府興建新機場的頑固分子對此想必深有共鳴。對生來自由的英國人而言，自由不是滿懷抱負地規劃如何開發自我，而是能夠做自己，能夠不被干涉。並非為了不受拘束地追尋某種超凡目標，而是為了能夠毫無目標在花園裡虛度光陰，或是收集納爾遜爵士（Lord Nelson）的石膏像。英國人會繞很大一個圈子避開彼此，或者乾脆假裝別人不在那裡，這種知名的冷淡態度倒不是基於對同胞的敵意，而是基於希望別人不要干涉自己的頑強決心。一旦獲准進入他們內心的聖地，就會發現他們也有健談的一面。

這種魯莽、放蕩的貴族傳統，在拜倫（Byron）的生涯中具體展現，他的政治異議、性事冒險，以及幹下諸多惡行的名聲，是難以獨立觀之的幾個面向。流著尊貴血液的雪萊則是另一位叛逆貴族。在尼采之後，一種新型的精神貴族誕生，王爾德與葉慈這兩位盎格魯愛爾蘭望族的後裔，就是很好的例子。他們出身的愛爾蘭社會階層，是出了名的行事張揚、出手揮霍、驚世駭俗、嗜酒如命，帶有豪奢的自毀傾向。葉慈比較不那麼討喜的那一面，深受這種自我膨脹的派頭吸引。這些人的古怪，幾乎已達瘋狂：哥德小說家兼牧師查爾斯・馬圖林（Charles Maturin）被主教強行禁止持續狂亂跳舞；另一位十九世紀的都柏林樞機主教則時不時被目擊到抓著鎖鏈擺盪，或站在主教宮殿門前抽煙斗。約翰・彭特蘭・瑪哈菲（John Pentland Mahaffy）是王爾德在都柏林三一學院的導師，有一次，這位老師曾爬進一間滿是神職人員的房間，身上只披了一張虎皮地毯。葉慈有時喜歡說自己是「狂野惡劣的老男人」，這種形象和狂熱多彩的農民能打成一片，共同對抗商人與職員構成的單調世界。社會常規是給小店老闆、小資階級英國人去遵守的。以王爾德為例，這位帶有不負責任英式紈褲子弟風格的愛爾蘭人，就加入了和主流中產階級道德主義對立的陣營。

夏綠蒂・勃朗特（Charlotte Brontë）將誘惑簡・愛的角色取名為羅徹斯特（Rochester），是以十七世紀一個惡名昭彰的放蕩浪子命名，她心中所設定的正是這種代代傳承的上流階級無賴。這位男主角屬於那種充滿魅力的反派文學角色，邪惡不是缺陷，反而正是讓他進入惡魔萬神殿的誘人之處。《簡・愛》裡的羅徹斯特，最終得到一位善良女子愛的救贖，不過塞繆爾・理查森在他的小說《克拉麗莎》（*Clarissa*）裡，可就沒給卑鄙的拉夫雷斯（Lovelace）這種好待遇。整體而言，哥德小說裡的貴族，還是掠奪的形象多於迷人。就像性魅力本身一樣，上層階級既有吸引力，又需要警戒。人或許會愛上他們的騎士風度，卻不可能被這種性格根源的傲慢所吸引。

對抗中產階級莊重態度的一項重要武器就是風趣，這種自然產生的幽默不須刻意經營，因此是適合上層階級閒人的喜劇模式。當然，風趣還有其他形式，不過這種類型的風趣，在英國文化裡尤其突出。風趣可以既圓滑又殘忍，結合紳士階層的時髦與跋扈，表現出一種和藹的暴力，將人對他人的厭惡昇華為文字遊戲與機敏的應對。正因如此，對於王爾德這樣野心勃勃的圈外人而言，這種手段方便又可故作隨意，讓他能以精湛表現讓圈內人留下深刻印象，一方面又以社會能夠接受的方式，發洩對圈內人的不滿。風趣是人靠著個性上的優勢來支配他人，而非仰賴其他拙劣的戰略；它是運用語言巧妙展現出說話者的敏銳機智，而受這種言語攻擊的人則沒有相同能力可反擊。英國沒有哪個狐狸獵人對自己所從事的活動，可以像王爾德描述得那麼精確：壞胚子追逐不能吃的東西。41

風趣言語能夠刻薄尖銳，也能夠像糖衣一樣，用優雅的形式來包裹敵意的毒藥。風趣是一種破壞傳統期待的幽默，刻意從預期中脫離出來，不過手段多半輕巧隨意，不像政治激進派一樣帶有強烈怨恨，也不像貴族一樣大手大腳。貴族可以炫耀自己不受社會規範的自由，但他們並不希望看見規範徹底瓦解，連帶動搖自身特權的根基。風趣表現輕佻時，是敏捷的心智從無中生有，透過讓嚴肅變成玩笑，展現英國紳士的氣定神閒，沒有什麼事件能輕易動搖，是人把世界想成一

41 編注：當時法律規定只有貴族能獵狐，但此類獵捕多半被當作玩樂與身分象徵之用，獵捕到狐狸之後，便將屍體棄置當地。王爾德用這句話當作對貴族階級的一種諷刺。

種美學現象，無憂無慮、安詳，保持一種特許的距離，知道自己對不幸免疫，也無須負擔事業或勞動的重負。笑料也許生動有力，但最優秀的風趣卻保留了一種輕鬆的倦怠感。風趣言語懶洋洋的聲調與文字遊戲，是一種習於安逸的映照。確實，英國貴族一向就是如此懶散，說話時連子音都懶得發，這麼麻煩的事情不如交給勤勞的中產階級去做。因此才有huntin'、shootin'、fishin'這樣的發音出現。

風趣帶有觀點，因此有時會以劍的一刺來比喻。風趣和劍相似之處在於快速、優美、流暢、敏捷、一閃而逝、閃耀、絢麗、靈巧、鋒利、碰撞、浮誇，也在於能夠戳刺並傷人。有位評論家認為風趣的本質是殘酷：「銳利、快速、靈活、冷酷、挑釁、帶有敵意」[42]。像風趣一樣，擊劍也結合了姿態與優雅，以及高度風格化的侵略性，一方面靈巧，一方面又帶有致命危險。人可以使用風趣來出擊，也可以防禦，用不在乎的態度擋開侮辱。除了表達觀點之外，這種形式的喜劇也允許紳士們公然展露自己的個性，像劍士展示自己的身手那樣。由於紳士階層沒

42 Martin Grotjahn, quoted in Lauter (ed.), *Theories of Comedy*, p. 524.

有工作，這就是他們展現自己珍貴成就的機會。他所展現的內容是自己，而非商品或勞動成果，因為他們並不勞動。王爾德最優秀的藝術作品就是他的一生，他像米開朗基羅雕大衛像一樣對此全心雕琢。相反地，笑料是比較無關個人的喜劇形式，因此可以像一枚硬幣一樣在不同的手裡流通，某些最精緻的風趣譏諷則帶有作者的個人印記，他人使用時不是重述，而更接近引用。

風趣言語因為運用得當、時機巧妙，看似自然而然，只要說出口就能引人注目，不證自明，是那種在事後想起來，會希望自己當場能夠說得出口的評論。（法國人對這種懊悔有個特殊說法：*l'esprit d'escalier*，樓梯上的一念，意思是在離開房間之後，才想到剛剛該說的巧妙回答。）亞歷山大・波普書寫《批評論》（*Essay on Criticism*）時，關注的就是這種適切性，他說風趣是「我們一見就知道為真／讓內心再度浮現畫面的東西」。不過，風趣看似自然不拘束，彷彿毫不費力就能達到讓人不能不同意的精準，背後卻投入了很多工夫。根據波普的觀點，風趣是藉由藝術臻至完美的自然。這的確是我們最欣賞的巧妙技藝，擁有相似精神的是蘇珊・桑塔格（Susan Sontag）對敢曝（camp）的定義：一種對玩心、做作、炫耀、誇張的愛。[43]根據桑塔格的觀點，敢曝把風格抬升到超越內容，讓反諷超越悲劇。之所以能反映出喜劇視野，是因為敢曝看待一切都帶有特殊性，脫序、反常、諧仿、戲劇化、有個性。就像風趣一樣，敢曝是感傷與同情之敵。風趣的無情特質，與淚中帶笑處在喜劇光譜的兩端。

有種看法認為：風趣與其說是一種幽默，不如說是一種生活方式。風趣是一種習慣，而笑料或俏皮話則是偶然出現、脫離現實的短暫假期。笑話是事件，風趣則是基本配置。笑話是暫時迸發、脫離日常存在，風趣卻能與日常存在無縫接軌。笑話常常是虛構的，與平凡世界產生對比，風趣言語一般則並非如此。風趣或雅痞美學運用語言妝點人的生活，借用經典引語的銳利與精鍊，而且幾乎沒有鬆懈的時候。這樣的人即使向人討鹽，也從不忘用簡練的妙語來包裝他的請求。這種類型的風趣，是面對現實的尋常姿態，是始終存在的小小樂趣，讓人稍微與世界拉開距離，不會因為意識到世界的醜陋面，使自己平靜的內心產生波瀾。在

43 參見 Susan Sontag, 'Notes on Camp'，收錄在 *A Susan Sontag Reader* (Harmondsworth, 1982).

針對演說術的論著中，西塞羅就把諷刺話和風趣或反諷的故事區分開來，後者的幽默範圍更廣，融入了一整套觀看世界的角度。

安德魯．史托特（Andrew Stott）認為風趣「承認偶然在意義的產生中所扮演的角色」[44]，不過大體而言，風趣並不能夠接受偶然或零散，因為這種形式太過精緻。如果簡練是風趣的靈魂，像莎士比亞的角色提醒我們的那樣（風趣和簡練對他們而言恐怕都相當陌生），部分是因為扼要與簡約都是展現優雅的形式，另一部分也因為紳士深怕讓他人覺得無聊，因此追求簡潔，與小資階級費勁的囉嗦風格形成對比。我們會說風趣的「一擊」（shaft），宛如一支矛或箭迅速準確地飛向目標。《牛津英語辭典》（*Oxford English Dictionary*）中，shaft 也用來指一道閃電或一道光，這項定義捕捉了風趣的突發性，以及點亮思緒的能力。Shaft 作動詞時，除了在俚語中有性交之意，也有擊敗或破壞的意思，人可能被風趣的一擊所擊敗。風趣是有自覺的言語表演，不過這種表演形式將媒介本身減到最

44 Andrew Stott, *Comedy* (London, 2005), p. 137.

少，由於意識到最微小的意義冗贅都可能危害其效果，因此將語言盡可能壓縮到最薄。像詩一樣，每一個言語單位都負有重任，風趣之言的韻律、節奏、共鳴都會影響其效果。組織越緊密，語言的滑動、模稜兩可、概念的變換、細微的語法錯亂越能展現效果。在簡潔的風趣之言中，任何突然的觀點變換或意義倒置都非常明顯。以前者為例，我們可能會想起都柏林幽默大師尚恩・麥克・雷蒙（Seán Mac Réamoinn）說自己感覺好像愛爾蘭的人口普查：被按照年紀、性別、宗教信仰分類。至於意義的倒置，麥克・雷蒙有一次就翻轉了一句俗話，原話是說每個胖子裡都有一個瘦子掙扎著要出來，但他卻說，每個瘦子外都有個胖子掙扎著要擠進去。

顯然，正是這種濃縮的特性，讓風趣的能力有時被當成不需媒介、全憑直覺的神來一筆，神不需要靠累贅又不得要領的方式進行溝通。馬修・貝維斯說，笑話總是用太少的言詞說出要說的話[45]，沒有哪一種幽默比風趣更符合這種形容。

45　Bevis, *Comedy*, p. 3.

把自己的言語材料簡化，讓聽者能夠節省接收的力氣，這種省力正是風趣的喜劇驅動力。我們為其精雕細琢的形式與充滿啟發的內容倍感滿足。比起其他任何形式的幽默，風趣更讓我們的樂趣集中在說話方式的藝術性上，這也是為什麼風趣之言不需特別搞笑，也能具有娛樂性。在自由與約束的交互作用下，語言得以在嚴格的風格規範下取得片刻樂趣。

波普對風趣的著名定義是「常常想起但從來沒辦法好好表達」，不過這項定義只侷限於符號層面，恐怕有失公允。身為堅定的新古典主義者，波普當然會採取這種態度，因為在他的觀點中，嚴格說來，沒有什麼新的真相存在。創新只不過是失去方向和講究表象。風趣對自然的改進，就像景觀園藝師帶出自然地景原有的美一樣，沒有新的見識會因此產生，只不過是用令人印象深刻的敏銳言詞，重提我們原本已經知道的事。而對於浪漫派的赫茲利特而言，發明和原創性都是美德，他形容風趣是「一種靈活的領悟力、一種特殊的措辭發明、一種活潑的精神」[46]，這種說法想來更加貼切。如同隱喻，風趣有認知的面向與玩笑的面向。

46 William Hazlitt, *Lectures on the English Comic Writers* (London and New York, NY, 1963), p. 26.

也和某些複雜的笑話一樣，牽涉到突然心領神會的智性愉悅，類似破解謎題時微微的洋洋得意。驚喜或得到啟發的瞬間，通常也是這種經驗的重要核心。如喬治．桑塔亞那（George Santayana）在《美感》（*The Sense of Beauty*）中提出的觀察，這是一種「出乎預料的正確感」。馬修．貝維斯也說過：「我們在聽懂笑話時發出的笑，是在宣告勝利：成功挽救了一時疲弱的認知能力。」[47]我們也許可以說，風趣特別能呈現心智戰勝情勢的小小勝利，呈現靈活的創造智慧勝過難對付的世界。王爾德自己顯然也抱持這種信念，在他的《評論家作為藝術家》（*The Critic as Artist*）裡，吉爾博（Gilbert）就說：「人行動時是木偶，開口描述時則成為詩人。」行動不經思考、充滿缺陷、無知、受到嚴格規範，困於盲目反覆的自然中出現的種種偶然。相反地，藝術或風趣則象徵暫時跳脫必要之疆界，踏進自由國度，為每日生存的繁瑣乏味提供補償，起碼在那片英格蘭最古老殖民地的嚴苛生存條件下是如此。

47 Bevis, *Comedy*, p. 51.

因此，風趣帶來的愉悅，具有複雜的層次。令我們愉悅的是形式的藝術性，表現方式的靈巧，是簡練語言所省下的力氣，心智的自由揮灑，內容的倒置、顛覆、出乎意料、錯位，是「懂了」帶來的智性滿足，以及個人風格的展現。與此同時，隱藏在風趣背後的邪惡、傲慢、輕蔑，也讓人間接獲得紓放。我們還會因為風趣所針對的對象暫時陷入窘迫，而產生殘酷的愉悅感。不過，如果以上剖析的風趣形式帶有貴族特色，我們也不能忘記另一種庶民模式的幽默，接下來就會詳細介紹。

5 幽默政治學

也許現代世界最矛盾的政治現象就是國族主義，從納粹的死亡集中營，到對帝國勢力有原則的抵抗都屬於此。不過，就純粹的政治曖昧性而言，幽默的矛盾也不遑多讓。既能夠譴責、揭穿、轉化，又可以在一陣爆笑中化解嚴重的社會衝突。對彼此笑，可以是消除彼此敵意的方式，身體因笑而放鬆警戒，象徵它不會造成傷害。「在笑的人沒辦法咬人。」諾博特．伊里亞思（Norbert Elias）觀察到。[1]因此，笑能賦予我們烏托邦想像，想像一個和平的國度即將來臨。「或許，就算現今的所有事物都沒有未來可言，」尼采寫道，「我們的笑也擁有未來。」[2]不過，不由自主、無法協調的身體，很難建構起那樣的社會秩序。就此

1 引用自 Matthew Bevis, *Comedy: A Very Short Introduction* (Oxford, 2013), p. 77.

2 Friedrich Nietzsche, *Beyond Good and Evil* (New York, NY, 1966), p. 150.

而言，喜劇對統治政權沒有威脅性。實際上，掌權者還能藉由普羅大眾的友好幽默，享受既得利益。畢竟如果國民悶悶不樂，就更容易心生叛意。不過，統治者也需要人民勤勉負責、懂得自律、嚴肅對待工作，把責任拋諸腦後的興高采烈就可能危及這些規矩。

像藝術一樣，幽默可以使我們藉以生活的規範陌生化、相對化，但也可以鞏固這些規範。事實上，陌生化本身就是一種鞏固的手段。透過外來者之眼觀察人的日常行為，未必會改變它們，有時反而使我們更強烈認定其合理性。強納森·米勒（Jonathan Miller）秉持著典型的自由主義精神，將幽默視為心靈的自由發揮，從而動搖了我們慣常的概念分類，鬆動分類的專制性，讓我們不致成為它們的奴隸。我們得以想像不同的分類方式，並重新構築自己的日常參照架構。[3] 不過，沒有理由相信這一切必然會造就更開明的心態。為什麼非得假設目前所有分類方式都有必要重新建構？那性別平權的概念也是需要突破的阻礙嗎？為什麼米

3 參見 John Durant and Jonathan Miller (eds), *Laughing Matters* (London, 1988), p. 11.

勒的自由主義本身不需要受到質疑？人類學者瑪麗・道格拉斯（Mary Douglas）認為所有笑話都具有顛覆特質，因為笑話暴露出社會意義本質上的任意性。她寫道：「笑話象徵平等化、瓦解、更新。」[4]道格拉斯在他另一部經典的早期論著《純淨與危險》（*Purity and Danger*）中，也以類似的論點詮釋骯髒，骯髒被視為無法歸類、格格不入的元素，正顯示出我們的社會建構有其侷限。這個案例也賦予「髒段子」（dirty joke）一個新的解釋。不過，實在很難說傑・雷諾（Jay Leno）或葛雷漢・諾頓（Graham Norton）是顛覆性的化身。

蘇珊・普爾迪（Susan Purdie）的看法則相反，她在一篇文筆優美卻意義曖昧的研究中主張：笑話侵犯權威，但最終只會讓權威復位。但這個觀點忽略了一個事實：並非所有形式的權威都很專制。[5]身經百戰的異議人士具有權威，追捕他們的人也有：民權運動有權威，暴虐的政府也有。諾爾・卡羅爾（Noël Carroll）

4 Mary Douglas, *Implicit Meanings* (London and New York, NY, 1999), p. 160.

5 Susan Purdie, *Comedy: The Mastery of Discourse* (Hemel Hempstead, 1993).

同樣認為幽默透過提醒我們某些社會規範的存在，事實上鞏固了規範。[6]而更沒意思的真相是：情況有時是如此，有時不是。總之，也有那種需要鞏固的社會規範。對英國社會而言，工人階級有權利在特定情境下拒絕勞動，這也是一種規範。規範未必都是邪惡的壓迫工具。認為幽默隨時隨地都在鞏固權力，這種看法未免太功能主義，忽略了明顯存在的矛盾。

祖潘奇克輕易概括認定，喜劇「透過讓壓迫變得可以忍受，並製造出在內部擁有實質自由的幻覺，維持住既定秩序或處境的壓迫。」[7]康拉德・洛倫茲（Konrad Lorenz）也認為喜劇的本質保守，觀察到「笑在形成連結的同時也劃清界線。」[8]他的意思是，幽默產生團結，但也讓人意識到自己和他人不同，因此可能產生出一種與他人的對立意識。以這種意義而言，幽默既是連結也是武器。[9]洛倫茲更以輝格黨人的風格思考，認為幽默會隨著歷史演進，現在的我們

6 Noël Carroll, *Humour: A Very Short Introduction* (Oxford, 2014), p. 76.
7 Alenka Zupančič, *The Odd One In: On Comedy* (Cambridge, MA, 2008), p. 217.
8 Konrad Lorenz, *On Aggression* (Abingdon, 2002 [1966]), p. 284.
9 Robert R. Provine 也提出過類似的例子，可參見 *Laughter: A Scientific Investigation* (London, 2000), chapter 1.

比古代人更好笑，當代的幽默整體而言比前代更加細緻且尖銳。他充滿興致地評論說：年代早於狄更斯的東西，很少能在現代引發笑意。他也認為人類是一種會「自嘲」的動物，雖然這項特質套用在英國自由主義者身上，可能會比形容美國共和黨人士更貼切。

如果幽默產生的團結確實仰賴排除與對立，這種幽默顯然和喜劇的世界觀相互矛盾，因為後者會用寬容、慈愛的風格，擁抱現實的全部。諾爾．卡羅爾相信，只要有「我們」的存在，必定同時也有「他們」，但法蘭西斯．哈奇森則會反對這種觀點。笑所預示的烏托邦裡沒有固定疆界。喜劇表演的觀眾，不會只因為讓其他群體感到不自在，就沐浴在集體狂喜的浪潮裡。幽默可能帶有衝突也可能強調團結，可能有詆毀作用也可能興致高昂，不過兩種特質不必然是一體的兩面。即便如此，若要調和烏托邦式的幽默和批判的幽默，還有一個政治問題需要解決，為了進一步解釋，我們現在來看看崔佛．葛里夫斯的經典劇目《喜劇演員》（*Comedians*）。

在曼徹斯特一間教室裡，已經退休的知名喜劇演員艾迪．華特斯（Eddie

Waters）安排一群充滿抱負的業餘喜劇演員展現自己的能耐。多年來，這位老師對幽默的本質有深入的思索，他的學生包括牛奶工人吉德．莫瑞（Ged Murray）；他弟弟菲爾（Phil）是保險經紀人；山米．薩謬爾斯（Sammy Samuels）是曼徹斯特猶太人，經營一家三流夜店；喬治．麥布蘭（George McBrain）是北愛爾蘭人和碼頭工人；米克．康納（Mick Connor）是愛爾蘭勞工；格辛．普萊斯（Gethin Price）是貨車駕駛，任職於英國鐵路。這六個男人各自困於一份沒有前途的工作，視成功的職業喜劇演員為唯一出路。他們很快就要接受伯特．夏勒納（Bert Challenor）的試鏡，這位倫敦的娛樂產業大亨是華特斯長年的對手。夏勒納這位經營者既狡猾又憤世嫉俗，用富有魅力的外表包裝自己，他想尋找能讓喜劇保持單純的人才，不要什麼深刻思考，只要給觀眾他們想要的，讓他們暫時脫離日復一日的生活。「我們可不是傳教士，」他提醒華特斯的學生們，「我們是提供笑容的人。」根據他的觀點，喜劇是一種商品，賣給遊手好閒的人，這些人既不想學習，也沒有能力學習，而喜劇從業人員應該把商品賣個好價錢，而不是免費送出去。「所有觀眾都很笨，」夏勒納宣告，「不過只有爛喜劇演員才會讓他們發現這件事。」他認為，就算想引導觀眾，也只能引著他們踏上他們願意前往的方向。

艾迪·華特斯的幽默哲學則沒有那麼原始。在教授過程中，他要這些學徒想想生命中難堪的經驗：「任何事，任何小事，只要對你有意義都可以，也許是讓你丟臉，讓你忘不掉，讓你回想起來還很害怕，或是你無法面對的事，可以嗎？」吉德·莫瑞回憶起在產房時一個讓人背脊發涼的瞬間：他突然害怕剛生下來的孩子可能有殘疾，接著親眼看見小孩才鬆了一口氣，因為「他超級完美」。格辛·普萊斯則回想有一次，他痛毆一個叫他小乞丐的女老師，接著因為自己的痛苦被送去看精神科醫師。其他人都陷入不自在的沉默，無法回應華特斯的挑戰。他們之所以手足無措，不只是因為必須在冷酷堅強的同僚面前展現自己的恐懼或脆弱，也因為華特斯要求他們必須讓自己說的故事好笑。

這並不是否認的幽默，重點不在否定痛苦，而在允許痛苦透過敘事來引發共鳴，從深刻的煩惱或焦慮、盛怒或羞辱之中擷取出喜劇，如此一來才有力量主導經驗。透過一種比辱罵或說髒話更困難的形式，明確說出難以啟齒之事，如此就能超越創傷本身，而不是一味否認創傷的存在。這樣的實踐需要勇氣和誠實。這種黑色幽默能讓他人免於做出相同告解，也是溝通與建立夥伴情誼的方式。華特斯的學徒在說笑話時，多半暫時抽離自我做為個人的身分，只在腦袋裡空想，喋喋不休地吐出俏皮話，而我們在下文中即將看到，格辛．普萊斯正好相反，他用太過赤裸的方式坦白自己的個人困擾。這兩種策略都沒有達到華特斯的要求，他希望將醜陋可怕的真相轉化為藝術，重新塑造、拉開距離、並以喜劇精神去克服，同時卻又保有事件本身駭人的力量。

和藉由承認弱點來處理自身痛苦相反的，是透過嘲笑他人被貼標籤的缺陷來給予對方痛苦，也就是喜劇式的辱罵。真正從自己的挫敗中發掘出笑點，需要某種程度的自我覺察與自我控制，而嘲笑他人則是一種否認自身焦慮的方式。因此，學習面對自己的苦惱，不陷入多愁善感或自我耽溺，是一種客觀練習學習，使人懂得如何去回應他人承受的苦難。「我們真的……這麼害怕……其他人，」華特斯問，「以至於需要用笑聲強調他們的痛苦，用眼淚來強調自己的嗎？」他如此評論：

真正的喜劇演員是勇敢的人，敢於直視聽眾刻意迴避、不敢表達之事。這樣的人能看見某種真相，關於人、關於人的處境、關於使人受傷或恐懼的事物、關於艱難，最重要的是，關於人的渴望。釋放緊張，說出不可說之事，任何笑話都可以做到這些。而真正的笑話，喜劇演員的笑話，不能只做到釋放緊張，還必須解放意志與欲望，扭轉情勢。

對華特斯而言，幽默是冒險、坦率、危機、勇氣、揭露、介入。就算情節虛構，也和偉大的藝術作品一樣，帶有深刻的真實性。

華特斯的評論恐怕比他以為的更模稜兩可。若說真正的喜劇演員說出其他人不敢說的，察覺到使人受傷或害怕的真相，種族歧視或性別歧視的幽默也適用這種解釋，說出了觀眾礙於常理，不敢說出口的種族或性向焦慮。稱女人是賤貨、稱黑人是蠢材的喜劇演員，同樣也大聲說出聽眾可能想說，卻刻意迴避、不敢表達的想法，並藉由這種行為釋放了緊張。華特斯的評價似乎沒能完整考慮到這種令人不安的共通性，卻又隱約有所察覺，因此急於表現出這種墮落的喜劇和真正帶來解放的幽默有所區別。他強調，真正的笑話除了釋放之外，還必須做到解放與轉化。

格辛．普萊斯說出極具創意但令人反感的性別歧視打油詩時，華特斯用以下這段驚人辱罵回敬：

我從來沒喜歡過愛爾蘭人，你們知道嗎……大塊頭、愚笨、腦袋簡單，耳朵像甘藍菜一樣大片，鼻毛很長，眼神愚昧，肥胖，愛亂揮雙手，身上帶著泥土和健力士啤酒的臭味。他們是歐洲的黑鬼。粗笨、不懂控制自己的傻子，在願意接納他們的地方就過度熱情親切。要是我有權力，我會禁止他們定居在這，把他們送回故鄉，送回那些原始的泥沼。一群蠢貨……

猶太人啊，有那種油滑的特質，固執得要命。收賄賂、販毒，錢，全都是錢。說到猶太人就是錢。討債的、開當舖的、放高利貸的。可以說他們有這方面的天賦。希特勒講得更直接：「如果我們不採取行動維持血統的純粹，猶太人會用有毒的血液毀掉我們的文明。」這些歷史廢物，根本不算人類，全是蛆蟲……

> 工人。骯髒、無知、狡猾、什麼都想要。把煤炭丟進浴缸裡。吃什麼都要配薯片。薯片配啤酒。成立那些想領最多薪水幹最少事的工會。閒著沒事就搞罷工。他們很貪心，而且蠢到無藥可救。跟小孩一樣，照顧不了自己。像兔子一樣猛生，根本性愛狂。還有他們那些惡毒刻薄的女人，在背後唆使他們。這些禽獸，應該餵他們餿水，晚上還要用繩子綁起來。

華特斯惡毒的咒罵對於觀眾和他嚇傻了的學生來說，是非常野蠻的人身攻擊，學生們恐怕比較習慣從自己嘴裡聽到這種話，而不是老師口中聽到。我們很容易想像，要是發生在今天的劇場，演出會馬上被中斷。

在知道掌握他們未來的夏勒納，是那種喜歡種族和性別嘲諷笑點的保守派後，大部分華特斯的學徒都爽快放棄他的教導，退回他們習慣的淫穢笑點和種族攻擊。愛爾蘭工人米克·康納說了個低級但相對沒有攻擊性的笑話，是其中的例外，山米·薩謬爾斯則正好相反，完美成為釋放論的醜陋範例：

有個西印度群島來的傢伙想在建設工地找份工作。工頭說：你別想，我很清楚你們這種人。我給你工作，明天你就會帶一群朋友來。他千拜託萬拜託，終於要到這份工作。隔天他就帶了個小矮子來。（比手勢）小矮子。就這麼矮。工頭說：我不是說了嗎，不要帶朋友來！他回答：他不是我朋友，是我的午餐。說到這個婦女解放運動，各位有什麼看法？你們都燒了胸罩嗎？這位先生也燒了嗎？真有趣。我把我老婆的燒了。她氣得要命，她還想穿。我有一天在市區的一間酒館裡，有個進步女性跑來抓著我的領子，她說：你是個殘忍、大嗓門、暴力、野蠻、性別歧視的沙文主義公豬。我回答：意思是說想打一砲沒指望了吧？

怯懦的喬治·麥布蘭也遵循這個模式：

上星期四我跟老婆躺在床上，我老婆躺在那裡，一句話都不說，抽著菸斗。我靠過去說：你在想什麼嗎，親愛的？她說：對，我在想一個非洲人，大概一百九十公分高，有又大又厚的……支票本。（對觀眾）你們是不是想歪了！羞羞臉！

我回答說：是喔？那你認為他覺得你那個又大又肥的懶屁股怎麼樣？她說：你在說什麼，我和他怎麼會聊到你？我老婆話不多。好像隨時在聊天，但又沒講什麼。

吉德和菲爾・莫瑞搭檔演出，吉德努力遵循老師的告誡，而菲爾卻一直看夏勒納臉色，堅持要講一個巴基斯坦人被指控強暴的笑話。這場演出夾在兩種相互對立的幽默觀點之間，支離破碎，尷尬收場。

不過，有轉化力量的幽默和詆毀人的幽默之間，並非純粹對立。不管現今普遍的看法是如何，辱罵還是有其正面意義。在整齣戲的最後，學校工友走上台，擦掉教室黑板上的幾句髒話，一邊喃喃抱怨「這些小混蛋」，但他對髒話的反感只是故作正經。他沒辦法瞭解，髒話也有功能。夏勒納選擇了華特斯的學徒裡最粗魯的那個當他的明日之星，華特斯告訴他：他就像大腸一樣塞滿了屎。這話罵得十分到位。和其他同僚一樣，格辛・普萊斯聽說夏勒納的偏好之後，也修改了自己的演出內容，但不是為了獲得他的肯定，而是為了挑戰他。普萊斯這個人是愚人、諷刺作家、模仿家、默劇演員、異議分子，又擅於變身，他上台時把臉塗白，穿得像是小丑和小混混的綜合體，帶來了一段氣氛尷尬又怪異得可怕的表演，內容是嘲弄和辱罵兩個一男一女的假人，假人被穿上晚宴服，扮成有點高傲的中上階級姿態。他點菸，把煙對著男人的臉噴，用功夫的方式出拳，險些打中他的頭，還侮辱他的女朋友。他把一朵花插進女人雙乳之間，讓她的洋裝上出現暗紅色的血漬。在演出最後，他用一把迷你小提琴演奏工黨黨歌〈紅旗〉（The Red Flag）。他說：有些人會說他口出惡言是出於嫉妒，但他要否認這項指控，他是出於恨意才說這些話。

對於普萊斯這段令人毛骨悚然、怪異前衛的表演，夏勒納的評語很精準：「很挑釁的不好笑」，和其他喜劇演員的演出不同，其他人是既挑釁又不好笑。普萊斯的做法保留了喜劇演出的大量台詞與風格化，卻完全抽離傳統內容。這是他和華特斯的一場精采對決，這兩人的關係非常微妙，結合了友情、競爭、意見矛盾和師徒情誼，華特斯承認他這位學生技巧優異，但指責他的演出太「嚇人」。「沒有同情心，就沒有真相。」他對他說，「你全都拋棄掉了，格辛，愛、關懷、關心，看你喜歡哪個叫法，你把這些都拋棄了。」普萊斯則堅持，一旦牽涉階級，愛與同情就只會蒙蔽令人作嘔的真相。如果他的演出太冒犯，那是因為演出所呈現的就是冒犯這件事，如果抱怨前者，卻對後者不置一詞，那就只是偽善而已。這個說法恐怕和文學上所謂的模擬謬誤（mimetic fallacy）很相近，例如，說某個人的小說非常無聊，是因為小說描寫的情境本身非常無聊。普萊斯驚人的演出經過刻意風格化、壓抑、去除人性，是為了激怒那些布萊希特（Bertolt Brecht）所謂「想讓自己打從心底快樂起來的人渣」。以普萊斯好鬥的觀點來看，感性不過是在剝削的事實外裹上糖霜、用有情的眼光旁觀無情的社會秩序。莫瑞兄弟用來收結他們那場悽慘演出的甜蜜歌謠（「他會照顧我／一旦情勢惡化／他會控制局面／讓我擦乾眼淚」），就是這種感性的縮影。對於華特斯說他拋棄真相的指控，普萊斯憤怒反駁：真相很醜陋，而華特斯在步履艱辛的年少時期明明深刻體會過，現在卻可能已經忘記一項事實：

沒有誰比艾迪·華特斯更猛，大家都這麼說。因為你那時候還和造就你的一切有所連繫……：飢餓、白喉症、骯髒、失業、廉價酒館、清寒證明、床蝨、頭蝨……我們仍然被困住、被剝削、被戳刺、被拉扯、被壓榨、被養肥、被屠殺、被剁碎、被當成食物。我們仍然不屬於自己。一切都沒有改變。只是你忘記了而已，就是這樣。

他指控：在為期三個月的喜劇課上，華特斯從來沒說過一件有趣的事。確實很難想像這個面容嚴肅、道德感強烈、內在破碎的男人，曾經躋身英國最優秀的喜劇演員之列。普萊斯酸溜溜地說：也許他已經失去了恨意。

不過，華特斯的沒落並不是因為這個原因。他被學徒攻擊得節節敗退，宛如失敗的父親要應對叛逆兒子的幻滅，於是他被迫挖掘出自己最悲慘的記憶，來為自己辯護。他也得面對自己心中的鬼魂，就像他鼓勵學生做的一樣。他向普萊斯說起一次在德國參觀納粹集中營遺址的經歷，回憶自己在對眼前景象感到反胃的同時，卻也勃起了。在那一刻，他發現笑話已經沒有存在的餘地。如同阿多諾（Theodor Adorno）所宣告，在奧斯威辛集中營（Auschwitz）之後出現的詩全都是垃圾。拜訪死亡集中營當晚，華特斯在一場音樂會上聽到一個有關猶太人的笑話，卻笑不出來。「我們必須走得比恨更遠，」他告訴普萊斯，「恨意沒有幫助。」普萊斯站定一個優越的立場，蔑視他所諷刺的體系，而華特斯的性興奮則代表他某種程度上與體系成為共謀，因此他也必須消解自己內在的獸性。

可是，如果說恨意沒有幫助，那麼對不公不義的恨呢？如果喜劇背過身去，不處理厭惡和敵意，要怎麼對抗想出所謂「猶太人問題最終解決方案」的勢力？適當抱持敵意的幽默，難道不是政治諷刺必要的武器，比方說，讓那些威瑪共和國（Weimar Republic）的藝術家，用來嘲弄和譏諷希特勒對權力的汲汲營營嗎？不過這樣好鬥的特質，又要如何不陷於其所批判的缺乏人性呢？這個問題，正是威瑪文學藝術家中最偉大的布萊希特，在詩作〈致隨後出生的人〉（To Those Born Later）中所提出的：

我們走過的路，換國家比換鞋更頻繁
經歷階級的戰爭，絕望
那時只有不義，沒有反叛

但是我們知道：
仇恨就算針對邪惡
也會使人醜陋
憤怒就算朝向不義
也會使人嗓音粗啞。噢，我們
這些想要打造友善淨土的人
自己都做不到友善

可是你們啊，等時候來臨
等人類成為人類的幫手
想起我們
請心懷寬容

建構一個公義社會所需要的價值，也許和在這個公義社會裡備受推崇的美德

背道而馳。友情需要敵意，和平需要衝突，而信念需要懷疑。這麼看來，那些奉獻一生在解放政治的人，完全不符合他們最希望建立的正確形象。就算是對不義的仇恨，都會使人嗓音粗啞。而任何形式的恨意都會產生致命的動能，這種動能脫離其政治目標，獨立存在。

因此，問題在於如何將友情和敵意在同一種喜劇形式中結合。雷蒙・威廉斯（Raymond Williams）在一九五八年出版的《文化與社會，一七八〇—一九五〇年》（*Culture and Society 1780–1950*）一書結語中說：勞工運動的一個重要圖騰必須是緊握的拳頭，不過握拳的力道還是要讓手指能夠舒展，並建立全新的社會現實。這不是只有格辛・普萊斯會感到困擾的問題，他這個人雖然可能是社會主義的擁護者，但也帶有個人主義異議分子的色彩。前文提過，他的觀點是：如果真相不討喜，那麼對真相的描繪也應該如此。華特斯不接受這項主張，對他來說，喜劇的存在就是要把這種難以改變的事物挖掘出來，並透過這個過程讓其變得可以接受，不過要以喜劇的方式來做。「大部分喜劇演員，」他告訴學徒們，「都在餵養偏見、恐懼、狹隘的視野，但真正優秀的喜劇演員……能帶來亮光，讓人把這些事看得更清楚，也更容易去面對。」喜劇和其對象之間拉開一段認知距離，透過拉開距離，便能從對象自身看不到的角度去認識它。喜劇必須重新塑造並超越其素材，而不只是把素材單純反映出來。也就是說，喜劇的形式會偏離內容。不過，華特斯所述參觀集中營時發生在他身上的事，指出一個更灰暗的看法。即如果真相很可怕，也許任何形式的幽默都只是褻瀆。這種看法正好忽略了一項事實：有些被關在集中營裡的人為了努力保持理智，會對彼此說笑話。薩謬爾斯、麥布蘭、菲爾・莫瑞的幽默之所以糟糕，是因為背離真相，呈現出第三立場。

普萊斯粗暴的表演和華特斯在集中營裡的經驗有相似之處。根據佛洛伊德的看法，後者的性興奮就是一種「極樂」，一種淫猥的享受，是自我從死亡的奇景中獲得樂趣，因此也能從自身的滅亡中取樂。生存本能（*Eros*）與死亡本能（*Thanatos*）共同作用。純粹的虛無有種令人喜悅的邪門特質，讓受傷憔悴的自我不用再承受傷害。解除自己身而為人的身分，是那些集中營受難者的命運，但也可以是暫時擺脫焦慮與苦惱的釋放。華特斯的罪惡感讓他無法察覺到，對非人道產生的渴望正是人性。普萊斯則沒有這種愧疚感。反之，他正是受到自己那場演出的缺乏人性吸引。「今天晚上觀眾席一片冷淡，」他告訴華特斯，「我很喜歡那種氣氛，我感覺……表達出來了。」理論上，他的演出結合了優越論和釋放論。他崇拜偉大的小丑格羅克（Grock），這位表演者的冷酷和真誠深深吸引他，「不像卓別林（Chaplin），扭捏作態，還用小孩來掩蓋。」普萊斯那齣詭異的默劇，目的是要摧毀多愁善感的理想主義，因為那是像納粹政權這種政治上的非人作為用以使人接受的面具。不過，演出某種程度上必須和非人道狼狽為奸，才能達到效果。這場演出以自己隱微的方式，成為像布亨瓦德集中營（Buchenwald）一樣的活地獄，雖然，演出的目的其實是要反對這種恐怖。

也就是說，到頭來不管是華特斯或普萊斯，都無法做到調和真相與喜劇。薩謬爾斯和麥布蘭也做不到，只是原因不太相同。真相讓華特斯的幽默變得笨拙，而普萊斯的諷刺則太過冷酷。在非人的情境下，人要怎麼既好笑、又真誠？話說回來，華特斯認為幽默純粹是政治變革的工具，他的想法對嗎？當然，幽默確實有這樣的功能，但他對喜劇的態度也確實太功能主義了。這和他愛說教的性格相符，劇本對這項缺陷似乎有所警惕，但沒有做出明確批判。劇中最接近仔細檢視這件事的時刻有點好笑：普萊斯這位一流模仿家，在他不斷說教的老師背後模仿他。就算喜劇的烏托邦功能，象徵友誼和歡慶、分享與團結所產生的無意義純粹快樂，只是對和平友善時代的預告，而非催生這種時代的手段，那又如何？如果對於薩謬爾斯和麥布蘭這類人而言，幽默是直率表達偏見的工具，那麼華特斯不也以自己的見識，複製了這種功利主義邏輯嗎？「我們透過笑來工作，」他告訴其他人，「不是為了笑而工作。如果你只想逗觀眾笑，好，你就繼續，祝你好運，但不要來浪費我的時間。」「喜劇是一種藥，」稍後他又說，「不是會（讓觀眾）蛀牙的鮮豔甜點。」有趣的是，這齣戲沒有去質疑這種禁慾的態度。麥布蘭用他傻頭傻腦的思考方式給出評價：「是喜劇演員的喜劇演員就是喜劇演員。」這話不對，這齣戲就已經展現出這點。不過是笑話的笑話就是笑話，倒有時候是對的。

儘管如此，《喜劇演員》並沒有以虛假的烏托邦想像作結。一位亞洲人帕特爾先生（Mr Patel）走進學校，想找在晚上開的課，他遇見華特斯，自願對他說一個來自自己國家、有關屠殺聖牛的笑話。這種幽默的脈絡和華特斯與普萊斯一致，但傳述方式帶有華特斯已經失去、而普萊斯會投以政治猜疑的純真熱情。在這間空蕩蕩的學校教室裡，剛剛才上演過用以侮辱、偏執、尖銳攻擊、商品、異議、激烈對抗、不擇手段抬升自我、粉飾非人道的各類喜劇，而華特斯邀請帕特爾先生參與他的下一堂課，在這珍貴的瞬間，幽默又成為不同種族之間友誼產生的媒介。

***

《喜劇演員》把矛盾描繪得很好，但並不打算解決矛盾。提供解決之道的人是政策制定者，不是戲劇家。不過，事實上真的有種方法能夠結合批判的幽默與烏托邦式的幽默，那就是狂歡。如果哈奇森與斯蒂爾所在的酒館與咖啡屋，打造出的是布爾喬亞式的公共場域，讓紳士們能夠暫時放下階級，自由且平等的交流，那麼同樣讓人暫時拋下階級的狂歡，就可以想成是庶民版本的公共場域。作為既真實又理想化、務實卻又放眼未來的一種反文化，狂歡象徵一個自由、共有、平等、極度豐富的烏托邦領域，在其中所有身分地位、規範、特權、禁忌都暫時失效，充滿市井與街頭特色的自由直率語言得到解禁，縮短了人與人之間的距離，讓他們從必須得體合儀的需求中解放，社會地位、職業、財力、年齡形成的障礙被推翻。在這組成多元的世界中，愚蠢成為一種歡宴的智慧，真相與權威被重新塑造成狂歡節人偶，這形象誇張的怪物在市井中被群眾撕碎成片片，比格辛・普萊斯虐待他的假人模特兒更歡欣鼓舞。笑成為新的溝通方式，是一系列社會關係變換的實質表徵。「友善的世界、黃金年代、狂歡的真理確實可能存在。人得以回歸自我。」[10]

不過，狂歡語言也具有雙面特質。它雖追尋一個充滿解放、同伴情誼、平等的理想世界，但也經由嘲弄、譏諷、毀損來達到目的。其批判功能遂和肯定功能合而為一。群眾的狂歡是具有暴亂特性的解構力量，打破階級、扭曲神聖真理、戳破崇高教條、刻意顛倒高尚與低劣，但這一切破壞行動都是出於趣味和友好。如前所說，康拉德・洛倫茲認為幽默既是連結也是武器，不過這說法是透過對立

---

10 Mikhail Bakhtin, *Rabelais and his World* (Bloomington, IN, 1984), p. 48. 其他引用自本作的文句將在句末以括號標明頁數。

來產生同伴情誼，而狂歡則並非如此。這場打倒偶像的盛大派對既是暴力又是夥伴關係，既咒罵也讚揚，是詆毀也是歡慶。只憑一種表示方式，就做到贊成與否定，掩埋與復活。狂歡中如果有豐盛饗宴和性愛交合，也會有粗暴的咒罵，像拉伯雷（Rabelais）經常掛在嘴邊的那種：

> 如果你暗自懷疑我在這本《編年史》（*Chronicles*）裡講述的內容，願聖安東尼用丹毒之火燒灼你……願穆罕默德之病讓你陷入癲癇的抽搐……願每一種化膿的瘡口、潰瘍、下疳都讓你感染、創傷、面目全非、碎裂，像難以捉摸的細小牛毛一樣鑽進你的腸子……願你消逝在像所多瑪（Sodom）與蛾摩拉（Gomorrah）那樣充滿硫磺與烈火的深淵中。（頁164）

拉伯雷的詛咒源源不絕，既豐富又有創意，薩謬爾斯和麥布蘭喋喋不休的表演則並非如此。不過，這種語言還是具有雙面特質，能從誹謗轉為頌讚。如巴赫金所說，狂歡語言在讚揚的同時辱罵，在辱罵的同時讚揚，它使人窘迫羞愧，同時又振奮滿足。就算是最下流的笑，也保留了重生的特質，不會像普萊斯一樣陷入傷人的諷刺和冷淡的譏諷。巴赫金所謂「親切、友善的辱罵」（頁168），讓毀謗在團結又興致高昂的大環境下發生。拉伯雷語言的特殊之處在於意義的多樣性，以及與指稱目標之間怪異複雜的關係。以巴赫金的說法，「嘲笑與讚揚、拉下高位與抬升地位、反諷與讚頌，在此互相結合。」（頁142）不過，在這種責罵之中沒有優越感存在，主要是因為在狂歡的領域中，沒有旁觀者能夠對參與者擺出優越態度。反之，至少在原則上，整個世界都身在其中。人性登台亮相，這個舞台同時也是觀眾席。巴赫金認為：「以笑作負面表達的諷刺作家，把自己擺在比嘲諷對象更高的位置。」（頁12）但在狂歡時，大眾嘲笑自己，諷刺者與對象同存於一體。

狂歡節使人墮落、敗壞，但其方式很難和肯定明確區分。巴赫金寫道：

> 墮落的意思是把自己和身體的下層聯想在一起，把生命連結到腸胃和生殖器官，因此和排便、交配、受孕、懷胎、分娩等動作產生關聯。墮落挖了一個墳，

為了得到新生，它不只有破壞、負面的面向，也有重生的面向。讓某個對象墮落，不只是代表把對象丟入不存在的虛無、徹底的毀滅之中，也是讓其落入掌管繁殖的下層，那個受孕與新生發生的地方。（頁21）

這種結合貶損和繁盛的矛盾模式，巴赫金命名為怪誕現實主義。他寫道：「怪誕的本質正是要完整呈現生命的矛盾與雙面性。否定與毀滅（老者死亡）都是必要階段，與肯定、與更新更好的事物之誕生無法分割。」（頁62）我們也許會想起，喜劇（comedy）這個字眼的語源正是科穆斯（Comus），古老的豐饒之神，象徵著永無止盡的回復生機。

狂歡式喜劇是庸俗唯物主義的一種形式，讓主體重新向地面紮根，並得以開花結果。這種喜劇象徵「將高尚、屬靈、理想、抽象的一切降低」（頁19），也唯有如此，才能從神祕主義的外殼萃取出真正的價值。如果其對抽象理想主義無情的破壞，帶有一種死亡驅力（用巴赫金的話來說是「死亡的願望」），那它也同時結合了「生之願望」。人可以隨己之意野蠻地破壞世界，深信物質和大眾這個龐大群體仍會永垂不朽，每一次毀滅都只不過是新生的序曲。如果世界是個墳墓，那同時也是子宮。集體的不死反映在個人的不可侵犯上，每個人照例受到打擊與傷害，卻像卡通人物一樣，神奇地毫髮無傷。狂歡節將暴力虛構化、虛擬化、變形為劇場與奇觀，形成一種歡樂的交戰。

根據巴赫金的觀點，怪誕或狂歡的身體未完成、沒有端點，永遠處在進行狀態。對於擁有永恆絕對地位的權威意識形態而言，這樣的身體是一種反擊。其中一種連名字都不能提的壓迫信條，就是史達林主義。巴赫金特別注意身體的各種孔洞，這些從人體開向世界的閥門，平時明確區分出內部與外部、自我與現實，或自我與他者，此時卻開始動搖：

所有的突出與孔洞都有共通的特質，藉由這些部位，我們得以克服身體與身體之間、身體與世界之間的界線，彼此進行交換、朝向彼此……吃、喝、排便與其他排出（流汗、擤鼻涕、打噴嚏），以及交配、懷孕、支解、被另一個身體吞下——這一切行動都在身體與外在世界相接之處發生，在舊身體與新身體的接觸

下發生。在這些活動中，生命的開始與結束緊密連結、相互交織。（頁317）

和笑一樣，對巴赫金來說，身體本身也是一種關係形式，是人類交流與互動的肉體中心。身體讓個人與永恆的集體產生連結，並因此間接共享其不死特質。我會死，但我們不會。藉由這種令人愉快的擔保，狂歡那無畏、對傷害絕緣的活力，就能湧現出來。因此巴赫金主張：未來在歐洲史發展的某個時間點，個人的身體會從集體中被切割出來，被淨化、仕紳化，所有孔洞將隨之關閉，所占有的空間將遭到嚴格限制：

〔當身體跨越界線並產生新身體時〕所有的延伸、發響、萌芽、分支都會遭到消滅、隱藏、節制……不透明的表面以及身體的「小徑」肩負重要意義，扮演封閉個體的邊界，不再與其他身體或世界相融合。（頁320）

也就是說，肉體的矛盾性，正是狂歡語言雙面特質的根本。狂歡中融合讚揚與誹謗、烏托邦與批判的表述模式，奠基於人類身體同時存在的朽壞與更新、排泄與交配。巴赫金寫道：「人在笑或咒罵時，尤其是在熟悉的環境中，言談裡便往往充滿身體形象。身體交配、排泄、暴食，人的語言也充滿生殖器官、腸胃、排便、尿液、疾病、鼻子、嘴巴、被分割的肢體。」（頁319）舉例來說，嘴巴會咬、撕扯、吞噬，藉由這些行為替身體補充能量，把世界消化吸收，與自然達成烏托邦式的結盟。

敏銳的讀者可能已經察覺到，巴赫金對於庶民的浮誇讚頌，帶有理想化的曲解。狂歡似乎是一個排除了悲劇的世界，它接受死亡的存在，但只將其視為誕下新生命的跳板，也不去面對處理痛苦與折磨中蘊藏的現實，那些恐怖、棘手的部分。就此而言，狂歡精神是推翻死亡的方式之一。和《喜劇演員》裡的艾迪・華特斯不同，問題不在從持續的痛苦之中挽救價值，而在把痛苦本身轉化為快樂。巴赫金的說法還有其他方面值得懷疑。其一，我們根據自己所處時代的生存經驗，很難相信自己這個物種是不朽的。其二，狂歡也許是一種虛構形式的反叛，但也是控制破壞能量的安全閥。就這一點而言，狂歡最接近現代的職業體育競技，一旦遭到廢除，絕對會是引發血腥革命的最短途徑。

最後，我們也該提到巴赫金對中世紀教會的指責，忽視了基督教福音中也帶有狂歡的特色。許多評論家都觀察到，雖然耶穌會流淚，但並不會笑，這種節制似乎和傳道書（Book of Ecclesiastes）裡的堅持相互呼應：「憂愁勝於嬉笑，因為面帶愁容，能使內心得著好處。智慧人的心在服喪之家，愚昧人的心在歡樂之家。」（7:3–4，新譯本）的確，《新約》裡描繪的耶穌，形象並不具有令人捧腹大笑的幽默感，而是充滿憂思。（不過，也有諾斯底〔Gnostic〕派的文獻認為被釘上十字架的是古利奈人西門〔Simon of Cyrene〕而非耶穌，而耶穌則在天堂笑看這個景象。）[11]不過，看見窮人獲得各種好東西，富人兩手空空的離開，是耶穌的國度即將來臨的徵兆，同時也是經典的狂歡式顛覆。和狂歡節的翻轉和結束不同，這並不是暫時的現象。埃尼・韋斯福德（Enid Welsford）紀錄中世紀的愚人節宴會（Feast of Fools），眾人會一次又一次反覆歌頌晚禱中的福音內容

11 參見 Guy G. Stroumsa, *The End of Sacrifice* (Chicago, IL, 2009), p. 82.

「他讓有權者從高位降下，低位者向上抬升」，作為惡搞式模仿彌撒的序曲。[12] 耶穌和他的庶民同胞不工作，被指控飲酒和暴食，在傳統社會秩序的疆界上自在遊蕩，沒有資產束縛，也秉持狂歡節的自由精神，不去思考明天。作為對救世主的惡質諷刺（彌賽亞被釘在十字架上這個概念，對古猶太人而言是種道德褻瀆），耶穌坐在驢背上，進入耶路撒冷這座羅馬帝國勢力中心的堡壘，他被同行人拋棄，即將面臨羅馬政府特別保留給政治犯的恥辱死刑。但是事實證明，十字架上的愚人，智慧更勝哲學家。法律恫嚇的威力遭到推翻，溫馴之人繼承了世界，崇高的存在化為人類的血與肉，最神聖的真理蘊藏在原本是漁夫和農民在使用的質樸語言中，脆弱是唯一歷久不衰的力量。

狂歡式的突降反差是基督信仰的核心，讓救世這個終極問題降到世俗日常的事務層次，例如照顧病者，餵飽飢者。〈路加福音〉提出擔保：那些現在流淚的人，也就是承受折磨和遭到驅逐的人，以後就能歡笑；它同時也翻轉了這項顛

12 Enid Welsford, *The Fool: His Social and Literary History* (Gloucester, MA, 1966), p. 200.

覆，警告那些現在得意的人，也就是富裕自滿的人，以後將會流淚。神聖恩典這種精神上的深度撫慰與喜悅，透過人的善行、友誼、寬恕彰顯出來。在聖餐禮中，和狂歡節一樣，肉與血成為人類溝通與團結的媒介。不過，《新約》推崇一種免於焦慮的放鬆生活，人人像野地裡的百合花一樣生長，並把財物施予窮人，但也同時描繪了主人公揮舞著利劍，將追求正義與同胞情誼的人，與背離這種毫不妥協的堅定戰役的人劃分開來。像狂歡節一樣，福音結合了解放之喜悅與某種精神上的暴力與不妥協。耶穌的詛咒的對象是那些位高權重的宗教榜樣，他們在已經備受壓迫之人背上加諸額外負擔，這種詛咒就算不像拉伯雷的辱罵一樣具有娛樂性，至少也一樣嚇人。基督信仰中，也存在某種黑色喜劇：上帝派祂的獨子來拯救我們於苦難之中，那我們如何表達感激呢？我們把他殺了！可真是非常沒禮貌的惡劣行為。

國家圖書館出版品預行編目資料

論幽默 / 泰瑞．伊格頓（Terry Eagleton）著 ; 方慈安譯. -- 初版.
-- 臺北市 : 商周出版 : 家庭傳媒城邦分公司發行, 民109.08
面： 公分
譯自：Humour
ISBN 978-986-477-884-3（平裝）
1. 幽默論 2. 文化研究
185.8 109010164

論幽默

原著書名 / Humour
作　　者 / 泰瑞．伊格頓（Terry Eagleton）
譯　　者 / 方慈安
企畫選書 / 梁燕樵
責任編輯 / 梁燕樵

版　　權 / 黃淑敏、林心紅、劉鎔慈
行銷業務 / 莊英傑、周丹蘋、黃崇華、周佑潔
總 編 輯 / 楊如玉
總 經 理 / 彭之琬
事業群總經理 / 黃淑貞
發 行 人 / 何飛鵬
法律顧問 / 元禾法律事務所　王子文律師
出　　版 / 商周出版
城邦文化事業股份有限公司
臺北市中山區民生東路二段141號9樓
電話：(02) 2500-7008 傳眞：(02) 2500-7759
E-mail：bwp.service@cite.com.tw
Blog：http://bwp25007008.pixnet.net/blog
發　　行 / 英屬蓋曼群島商家庭傳媒股份有限公司城邦分公司
臺北市中山區民生東路二段141號2樓
書虫客服服務專線：(02) 2500-7718．(02) 2500-7719
24小時傳眞服務：(02) 2500-1990．(02) 2500-1991
服務時間：週一至週五09:30-12:00．13:30-17:00
郵撥帳號：19863813　戶名：書虫股份有限公司
讀者服務信箱E-mail：service@readingclub.com.tw
歡迎光臨城邦讀書花園 網址：www.cite.com.tw
香港發行所 / 城邦（香港）出版集團有限公司
香港灣仔駱克道193號東超商業中心1樓
電話：(852) 2508-6231　傳眞：(852) 2578-9337
馬新發行所 / 城邦(馬新)出版集團 Cité (M) Sdn. Bhd.
41, Jalan Radin Anum, Bandar Baru Sri Petaling,
57000 Kuala Lumpur, Malaysia
電話：(603) 9057-8822　傳眞：(603) 9057-6622

封面設計 / 廖韡
排　　版 / 新鑫電腦排版工作室
印　　刷 / 高典印刷事業有限公司
經 銷 商 / 聯合發行股份有限公司
電話：(02) 2917-8022　傳眞：(02) 2911-0053
地址：新北市231新店區寶橋路235巷6弄6號2樓

■2020年（民109）8月初版1刷
■2023年（民112）7月24日初版1.9刷

Printed in Taiwan
城邦讀書花園
www.cite.com.tw

定價 320元

ISBN 978-986-477-884-3

商周出版

廣 告 回 函
北區郵政管理登記證
台北廣字第000791號
郵資已付，免貼郵票

104台北市民生東路二段141號2樓

英屬蓋曼群島商家庭傳媒股份有限公司　城邦分公司

請沿虛線對摺，謝謝！

商周出版

書號：BK7094	書名：論幽默	編碼：

請於此處用膠水黏貼

商周出版

讀者回函卡

感謝您購買我們出版的書籍！請費心填寫此回函卡，我們將不定期寄上城邦集團最新的出版訊息。

不定期好禮相贈！
立即加入：商周出版
Facebook 粉絲團

姓名：＿＿＿＿＿＿＿＿＿＿ 性別：☐男 ☐女

生日：西元＿＿＿＿年＿＿＿＿月＿＿＿＿日

地址：＿＿＿＿＿＿＿＿＿＿

聯絡電話：＿＿＿＿＿＿＿＿ 傳真：＿＿＿＿＿＿＿＿

E-mail：

學歷：☐ 1. 小學 ☐ 2. 國中 ☐ 3. 高中 ☐ 4. 大學 ☐ 5. 研究所以上

職業：☐ 1. 學生 ☐ 2. 軍公教 ☐ 3. 服務 ☐ 4. 金融 ☐ 5. 製造 ☐ 6. 資訊
☐ 7. 傳播 ☐ 8. 自由業 ☐ 9. 農漁牧 ☐ 10. 家管 ☐ 11. 退休
☐ 12. 其他＿＿＿＿＿＿＿＿

您從何種方式得知本書消息？

☐ 1. 書店 ☐ 2. 網路 ☐ 3. 報紙 ☐ 4. 雜誌 ☐ 5. 廣播 ☐ 6. 電視
☐ 7. 親友推薦 ☐ 8. 其他＿＿＿＿＿＿＿＿

您通常以何種方式購書？

☐ 1. 書店 ☐ 2. 網路 ☐ 3. 傳真訂購 ☐ 4. 郵局劃撥 ☐ 5. 其他＿＿＿＿

您喜歡閱讀那些類別的書籍？

☐ 1. 財經商業 ☐ 2. 自然科學 ☐ 3. 歷史 ☐ 4. 法律 ☐ 5. 文學
☐ 6. 休閒旅遊 ☐ 7. 小說 ☐ 8. 人物傳記 ☐ 9. 生活、勵志 ☐ 10. 其他

對我們的建議：＿＿＿＿＿＿＿＿＿＿

【為提供訂購、行銷、客戶管理或其他合於營業登記項目或章程所定業務之目的，城邦出版人集團（即英屬蓋曼群島商家庭傳媒（股）公司城邦分公司、城邦文化事業（股）公司），於本集團之營運期間及地區內，將以電郵、傳真、電話、簡訊、郵寄或其他公告方式利用您提供之資料（資料類別：C001、C002、C003、C011 等）。利用對象除本集團外，亦可能包括相關服務的協力機構。如您有依個資法第三條或其他需服務之處，得致電本公司客服中心電話 02-25007718 請求協助。相關資料如為非必要項目，不提供亦不影響您的權益。】

1.C001 辨識個人者：如消費者之姓名、地址、電話、電子郵件等資訊。
2.C002 辨識財務者：如信用卡或轉帳帳戶資訊。
3.C003 政府資料中之辨識者：如身分證字號或護照號碼（外國人）。
4.C011 個人描述：如性別、國籍、出生年月日。

請於此處用膠水黏貼